Regine Schindler · Wer ist dieser Jesus?

Regine Schindler

Wer ist dieser Jesus?

Begegnungen
mit dem Mann aus Nazareth

Bilder von Hilde Heyduck-Huth

Verlag Ernst Kaufmann

Regine Schindler macht seit über 15 Jahren mit ihren Kindergebeten und
Kindergeschichten, aber auch mit ihren Büchern zur christlichen Kindererziehung
Kindern und Eltern Mut, auf neuartige Weise gemeinsam im Glauben unterwegs zu sein.
Sie wurde dafür mehrfach ausgezeichnet.
Regine Schindler wurde in Berlin geboren und ist in Zürich aufgewachsen, wo sie
Germanistik und Geschichte studierte. Sie begann für ihre eigenen fünf Kinder, die
heute erwachsen sind, zu schreiben und verbrachte zehn Jahre mit ihrer Familie in
Heidelberg. Heute lebt sie als freie Schriftstellerin und Redaktorin der Zeitschrift
,,Schritte ins Offene" in Bern.

Hilde Heyduck-Huth, aufgewachsen in Frankfurt/M., besuchte die Hochschule für
Bildende Künste in Kassel und war danach einige Jahre als Kunsterzieherin tätig. Seit
1958 arbeitet sie freiberuflich und hat sich inzwischen durch ihre zahlreichen
Bilderbücher und Ausstellungen international einen Namen gemacht.
Hilde Heyduck-Huth hat einen Sohn und lebt mit dem Maler und Bühnenbildner
Christof Heyduck in Waldburg und Pompeiana/Italien.

CIP-Titelaufnahme der Deutschen Bibliothek

Schindler, Regine:
Wer ist dieser Jesus? : Begegnungen mit d. Mann aus Nazareth
/ Regine Schindler. Bilder von Hilde Heyduck-Huth. — 1. Aufl.
— Lahr : Kaufmann, 1988
  ISB N 3-7806-2187-8

1. Auflage 1988 · © 1988 by Verlag Ernst Kaufmann, Lahr
Alle Rechte vorbehalten · Hergestellt im Druckhaus Kaufmann, Lahr
Printed in West Germany · Gesamtgestaltung: JAC
ISB N 3-7806-2187-8

Inhalt

Vorwort

Christen nennen wir uns. Wir meinen damit: Wir gehören zu Jesus Christus. Wir beten vielleicht zu Jesus. Wir sehen sein Kreuz am Wegrand, auf Kirchtürmen oder Bildern. Wir feiern Weihnachten, Ostern, Sonntag – Feste, die in der Geburt, dem Sterben und Auferstehen Jesu ihren Ursprung haben. Wir fühlen uns Jesus im Abendmahl nahe. Und wir beten das Gebet, das er uns gelehrt hat. Jesus Christus ist also irgendwie gegenwärtig in unserem Leben, ja er bestimmt manche Bereiche unseres Alltags, unserer Freizeit, unserer Kunst.

Und doch: Dieser Jesus ist uns oft auch unendlich fern. Wir sehen ihn vielleicht blondgelockt oder mit Heiligenschein auf alten Bildern. Aber es ist schwer, sich ihn vorzustellen. Die fast 2000 Jahre zwischen seiner und unserer Zeit, jene fremdartige Landschaft, die ganz anderen politischen Verhältnisse, in denen der Mann aus Nazareth lebte – das macht uns Mühe und weckt oft die Frage: Was geht das mich an? Wer ist eigentlich dieser Jesus?

Diese Frage nach Jesus nun wird in jeder der 14 Geschichten dieses Buches neu gestellt. Ich habe versucht, mich selbst und mit mir die jugendlichen oder erwachsenen Leserinnen und Leser in die Zeit Jesu zu versetzen. Ich habe dafür in meiner Phantasie immer wieder neu eine Reise nach Palästina und in eine vergangene Welt angetreten. Um Jesus näher zu kommen, bin ich in jeder der

Geschichten in eine Rolle geschlüpft. Ich bin dem Diener gefolgt, der Maria auf ihrem Weg zu Elisabeth begleitet; ich habe mich in die alte Römerin Rosa hineingedacht, die das Jesuskind in der Krippe findet; ich habe die Geschichte eines Jungen erzählt, der dem 12jährigen Jesus begegnet; in einer Geschichte ist der Mann, der Jesus seinen Esel leiht, in einer andern die Magd des Hohenpriesters, mit der Petrus ins Gespräch kommt, die Hauptperson. Immer steht ein Mensch im Mittelpunkt, der in der Bibel nicht oder nur als Nebenfigur vorkommt, der aber sehr gut so gelebt haben könnte. Alle diese Menschen begegnen Jesus, oft fast zufällig, oft nach langem Suchen. Sie fragen nach Jesus und erleben jene Geschichten, die in den vier Evangelien aufgezeichnet sind. Indem ich das oft spannende Schicksal dieser Menschen miterlebe, suche ich selbst nach Jesus – und ich finde, zusammen mit den Hauptpersonen der Geschichte, immer wieder eine kleine Antwort auf meine Frage: Wer ist dieser Jesus?

Auch wenn jede der Geschichten in sich geschlossen ist und einzeln gelesen oder vorgelesen werden kann, ist die Hauptperson nur scheinbar immer wieder eine andere. Letztlich geht es in jeder Erzählung vor allem um Jesus. Und ich hoffe, daß dem Leser, der auf so vielfältigen Wegen auf ihn zugeht und ihm begegnet, Jesus selbst am Schluß lebendiger und näher ist. Die Gestalten, mit denen ich in eine Mitspieler- oder Zuschauerrolle gerate, sollen nicht von Jesus selbst oder von der Bibel wegführen. Es schien mir darum wichtig, zentrale Worte und Handlungen Jesu nicht zu erfinden oder darüber zu phantasieren, sondern sie nah am Bibeltext zu erzählen. Durch die Umwelt Jesu, die in den Geschichten wichtig wird, und durch die Erlebnisse der Personen, die ihm begegnen, hindurch wird spürbar, daß das Leben dieser Menschen von Jesus verändert wird; der Leser erfährt vielleicht, daß solche Veränderung auch ihn betreffen kann.

Von den 14 Geschichten erzählen die vier ersten und die vier letzten vor allem von Jesu *Leben*: von seiner Mutter Maria, von seiner Geburt, vom 12jährigen Jesus und von seiner Taufe – dann von seinem Einzug in Jerusalem, seinem letzten langen Lebenstag mit den Jüngern, seiner Hinrichtung und seiner Auferstehung. Dazwischen erfahren wir von Jesu *Wirken*: Er beruft Jünger; er heilt Kranke; er besucht zwei Frauen; er segnet die Kinder; er erzählt Geschichten. Dabei wurde unter den Heilungsgeschichten, den Gleichnissen und den Jesusbegegnungen bewußt eine kleine Auswahl getroffen.

Die *Bilder* stellen jeweils den Mittelpunkt einer Erzählung dar, nie jene Gestalten, die hinzuerfunden sind. Beim Nachdenken und Innehalten wird uns das Betrachten dieser ruhigen und starken Bilder helfen. Sie sind wie Stationen an unserem Weg auf der Suche nach Jesus von Nazareth. Sie laden zum Ausruhen und zum Vertiefen der Geschichten ein.

Regine Schindler

Joram begleitet Maria
Die Begegnung von Maria und Elisabeth

Joram hat die junge Maria eben noch im Obergemach singen hören. Jetzt ist es still, der Gesang ist verstummt. Joram unterbricht seine Arbeit, um nach oben zu lauschen. Bald wird es wohl immer so still sein hier. Joram weiß: Maria ist verlobt. Verlobt mit dem Schreiner Joseph. Der Heiratsvertrag ist bereits unterschrieben. Bald wird das junge Mädchen nicht mehr hier wohnen, bei seinen Eltern. Das Leben für mich wird sich ändern, denkt Joram. Ich werde allein sein mit meinem Herrn und meiner Herrin. Auf den Besen gestützt denkt er lange nach und lauscht immer wieder nach oben. Aber es bleibt still.

Plötzlich kommt der Knecht wieder zur Besinnung: Es soll sauber sein hier, wenn die Herrin vom Feld zurückkommt. In kräftigen Zügen putzt er weiter. Joram ist ein zuverlässiger Arbeiter, schon viele Jahre im Haus. Er ist glücklich, daß er hier aufgehoben ist – dieser bucklige kleine Mann. Und sein Herr ist froh um die treue Hilfe. Er könnte keinen richtigen Diener bezahlen.

Später lauscht Joram wieder. Er wartet auf Marias fröhlichen Gesang, den er sonst von oben hört. Es bleibt still. Joram geht zur Feuerstelle. Das Essen muß bereit sein, wenn sie vom Feld kommen mit den vollen Körben der Olivenernte. Ein Händler wird heute kommen, um die Oliven abzuholen. Es ist ein wichtiger Tag.

Später sitzen alle ums Feuer. Sie essen. Nur Maria ißt

nichts. Sie schaut hinaus auf die Straße, als ob sie weit in die Ferne blicken würde. „Ja, die Händler sollten bald kommen", sagt der Vater und schaut seine Tochter an. „Oder hast du Sehnsucht nach Joseph? Ja, es ist schade, daß er verreist ist." Leise erwidert Maria: „Nein, ich warte weder auf die Ölhändler noch auf Joseph. Ich will euch etwas ganz anderes sagen: Ich möchte Elisabeth besuchen, unsere Verwandte Elisabeth, die im Bergland bei Jerusalem wohnt." Plötzlich verstummen alle. Die Eltern staunen. Auch Joram staunt. Immer wieder einmal hat auch er gehört, wie von Elisabeth erzählt wurde, einer vom ganzen Haus verehrten Verwandten; sie ist die Tochter eines Priesters. Und auch ihr Mann, Zacharias, ist Priester. Nie aber hat sich Maria für diese vornehmen Verwandten interessiert. Und vor Jahren, als Marias Eltern Zacharias und Elisabeth besuchten, konnten sie ihr Kind nicht mitnehmen; es war noch zu klein. Wie kommt Maria darauf, ausgerechnet jetzt die Reise zu ihrer Tante unternehmen zu wollen?

„Wir können jetzt nicht weg, Kind", sagt die Mutter, „du siehst ja – die Olivenernte ist noch nicht fertig; wir sind angewiesen auf das Geld." „Ihr müßt nicht weg. Ich reise allein", erwidert darauf Maria leise, aber so bestimmt, daß alle staunen. „Allein? Du als Mädchen allein? Das ist viel zu gefährlich. Was dir alles zustoßen könnte! Und Joseph, dem du ja gehörst, würde uns Vorwürfe machen. Warte doch, bis er wieder in Nazareth ist. Er wird dich begleiten." Die Stimme der Mutter klingt besorgt.

Der bucklige Joram hört genau zu. Er fragt sich: Warum will das Mädchen ausgerechnet zu dieser Elisabeth reisen? Gleichzeitig denkt er: Eigentlich sollte ich verschwinden jetzt, nicht einfach zuhören, das sind doch Familiengespräche, die mich nichts angehen.

Doch da hört man Männerstimmen und das Trippeln von

11

Eseln auf den Pflastersteinen vor dem Haus. „Die Händler kommen!" „Ob wir Maria für die Reise den Ölhändlern anvertrauen können? Sicher reisen sie in die Nähe von Jerusalem", sagt die Hausfrau schnell, bevor man die Gruppe mit den Eseln im Hof draußen sieht. Schroff und schnell schneidet der Hausherr seiner Frau das Wort ab: „Kein Wort davon. Sie gehören zu den Reichen. Und sie sind Freunde der Römer. Mit ihnen will ich nichts zu tun haben."

Die Frau weiß: Das Gespräch mit den Ölhändlern soll rein geschäftlich sein. Natürlich wird ihnen wie immer Essen und Wein aufgetischt, bevor sie die Oliven, die sie kaufen, untersuchen. Man fordert sie auch zum Schlafen auf. Sie lehnen aber auch heute ab und ziehen mit den beladenen Eseln weiter, bevor es Nacht wird. Sie haben gut bezahlt.

Bis spät in die Nacht wird über Marias Reiseplan geredet. Sie läßt sich nicht abbringen. Klar und bestimmt wiederholt sie es: „Ich reise zu Elisabeth." Klar und bestimmt spricht sie – und geheimnisvoll. Warum will sie wohl reisen? Joram fragt nicht. Niemand fragt. Es ist, als ob alle spüren würden, daß es richtig ist, Maria diese Reise machen zu lassen. Bevor sie schlafen gehen, haben sie einen Plan geschmiedet: Joram soll Maria zu Elisabeth bringen. Er soll sie begleiten, hinauf ins Bergland bei Jerusalem. Es wird fünf Tage dauern. Der Weg ist gefährlich. Sie wissen: Es gibt nicht nur Räuber und wilde Tiere. „Samaria ist eine ungemütliche Provinz. Reist möglichst unauffällig hindurch. Die Leute dort haben eine andere Religion als wir. Laßt euch nicht auf sie ein, denn sie mögen uns Galiläer nicht." Die Augen von Marias Vater funkeln. Die Mutter ist ängstlich. Sie läßt ihre Tochter nur ungern ziehen.

Doch Joram freut sich auf diese Reise. Schon in zwei Tagen, wenn alles vorbereitet ist, wollen sie aufbrechen!

Unterwegs führt Joram den Esel, der das Gepäck trägt und auf dem das junge Mädchen reitet, wenn es müde ist. Sonst geht Maria neben Joram her. Gelegentlich singt sie. Und Joram sieht: Sie ist froh. Die Reise macht sie glücklich.

Den Weg durch Samaria haben sie schnell hinter sich gebracht. Viermal haben sie in einfachen Herbergen übernachtet. Und am fünften Tag finden sie das kleine Dorf, in dem Zacharias und Elisabeth wohnen. Mehrmals muß Joram fragen. Merkwürdig schauen die Leute Joram und Maria an und sagen: „Zacharias ist stumm. Er hat die Sprache verloren, seit seinem Tempeldienst." Und bei ihrem letzten Halt, ganz nahe bei Zacharias und Elisabeth, flüstert eine Frau und lacht dabei verlegen: „Die alte Elisabeth, die unfruchtbare, erwartet ein Kind. Man sieht es ihr seit kurzem an." „Du hast recht", sagt Maria. „Danke, daß du uns den Weg gezeigt hast." Joram schaut die fröhliche Maria voller Schrecken von der Seite an. Woher weißt du das, möchte er sie fragen. Aber er spürt wieder etwas Geheimnisvolles und bleibt stumm.

Bald kommen sie beim Haus des Zacharias an. Joram sieht mit eigenen Augen: Elisabeth erwartet ein Kind. Und er erfährt: Zacharias ist stumm. Er kann sich nur mit Hilfe einer kleinen Wachstafel, auf die er schreibt, verständigen. Joram hat nie lesen gelernt. Aber er sieht: Mit Freude begrüßen sich die beiden Frauen, die alte und die junge. Sie sehen sich an, als ob sie sich schon lange kennen würden. Und Joram weiß: In diesem Haus wird es die junge Maria gut haben.

Nachdem er sich zwei Tage und zwei Nächte ausgeruht hat, reist Joram zurück nach Nazareth. „In zehn Wochen werde ich dich wieder holen", hat er Maria versprochen. Marias Eltern wird er erzählen können, was er gesehen und gehört hat.

14

Elisabeth und Maria aber bleiben zusammen. Schon als Maria der älteren Frau gegenübersteht und sie begrüßt, merkt Elisabeth, daß das Kind in ihrem Bauch hüpft. Elisabeth spürt, daß mit Maria eine geheimnisvolle Kraft Gottes zu ihr gekommen ist. „Gottes Geist ist bei mir", sagt sie leise. Und laut sagt sie zu Maria, als ob sie für sie ein Lied singen wollte: „Maria, du bist die glücklichste unter den Frauen. Dein Kind wird unser Herr und unser Helfer sein. Für mich ist es ein Wunder, daß du zu mir kommst. Als du mich begrüßt hast, hüpfte das Kind in meinem Bauch. Glücklich bist du, weil du an Gottes Boten geglaubt hast."

Maria strahlt. „Du weißt alles, Elisabeth?" fragt sie. „Du hast recht, als ich allein in der Stille meines Elternhauses war und sang, kam ein Mensch zu mir, den ich nie zuvor gesehen hatte. Er begrüßte mich, als ob ich eine berühmte, ehrenwerte Person wäre. ‚Der Herr ist mit dir', sagte er. Ich erschrak sehr. Ich wußte plötzlich: Das ist ein Engel Gottes. ‚Gabriel heiße ich', sagte der Engel und fuhr fort: ‚Hab keine Angst, Maria! Gott hat dich lieb. Du wirst einen Sohn bekommen, und du wirst ihm den Namen Jesus geben. Er wird groß sein und man wird ihn Sohn Gottes nennen.' Und ich sagte zum Engel: ‚Wie ist dies möglich? Ich bin ja noch gar nicht verheiratet!' Aber da redete der Engel Gabriel von Gottes Geist und von Gottes Kraft, die zu mir kommen und die alles möglich machen werden. Und der Engel Gabriel sagte mir, daß du, Elisabeth, jetzt in deinem Alter ein Kind erwartest, nachdem du so lange unfruchtbar warst. Darum bin ich zu dir gekommen. Jetzt sehe ich: Der Engel hat recht gehabt. Ich freue mich!"

Und Maria singt ein Loblied, in das auch Elisabeth einstimmt:

„Ich will Gott, meinen Helfer, loben;
denn er hat mich einfaches Mädchen groß
und reich gemacht.
Alle werden mich preisen,
weil Gott mich auserwählt hat.
Großes tut der Herr:
Die Mächtigen stößt er von den Thronen,
die Niedrigen erhöht er.
Gott macht Hungrige satt und glücklich,
Reiche schickt er mit leeren Händen weg.
Gott hat sein Volk Israel nicht vergessen.
Er wird helfen."

Maria und Elisabeth sind viele Tage zusammen. Elisabeth weiß: Auch mein Kind ist ein Kind, das von Gott kommt. Sie ist froh, daß sie mit Maria reden kann. Denn Zacharias, ihr Mann, ist immer noch stumm.

Nach zehn Wochen aber steht der bucklige Joram plötzlich wieder da. „Ich hole dich ab, Maria. Deine Eltern warten, auch Joseph, dein Verlobter." Und Joram begleitet Maria wieder zurück nach Nazareth, über die Berge, durch Samaria, bis nach Galiläa.

Bald darauf wird Elisabeths Sohn geboren. Erst nach der Geburt, als das Kindlein in den Tempel gebracht wird, kann Zacharias wieder sprechen. Vorher hat er den Namen seines Sohnes auf eine Wachstafel geschrieben. Er soll Johannes heißen. Und jetzt ist die Zunge des Zacharias wieder gelöst: „Johannes, so soll er heißen. So hat es mir der Engel Gabriel gesagt, damals als ich im Tempel das Opfer darbrachte." Elisabeth schaut ihn freudig an. „Gabriel? Er war auch bei Maria." Und dann erzählt Zacharias: „Als ich damals ganz allein war im Tempel und auf die Knie fiel und das Räucherwerk auf den Altar gedrückt hatte und es gerade zu duften begann vom Harz, vom Weihrauch und den getrockneten Kräutern, da stand der Engel Gabriel vor mir. Ich erschrak zu Tode. Und ich glaubte ihm nicht, als er sagte, daß wir alten Leute ein Kind bekommen würden. Der Engel sagte merkwürdige Dinge über unsern Sohn: ,Viele werden sich über ihn freuen. Er wird Gott sehr nahe sein und ein besonderes Leben führen, anders als die andern. Seine Aufgabe wird es sein, viele Menschen zu Gott zurückzubringen. Und er wird vor einem größeren Herrn hergehen und seinen Weg bereiten'. Damals, als der Engel Gabriel mit mir sprach, verstand ich dies nicht. Ich konnte nicht glauben, daß wir wirklich einen Sohn bekommen. Ich bat den Engel um ein Zeichen. Ich wollte einen Beweis. Und da machte er mich stumm, bis jetzt. Alles ist aber eingetreten, was der Engel gesagt hat."

Zacharias und Elisabeth denken weiter nach. Sie freuen sich über ihr Kind, und Elisabeth erzählt: „Auch Maria hat der Engel Gabriel besucht. Sie wird einen Sohn bekommen. Er wird Jesus heißen und Gottes Sohn genannt werden. Ein Helfer wird er sein für das ganze Volk, größer als unser Kind. Unser Sohn Johannes aber wird vor ihm hergehen und zu ihm gehören. Denn unser Kind hüpfte vor Freude in meinem Bauch, als Maria zu mir trat."

Jetzt singt der Vater Zacharias ein Loblied. Er dankt Gott dafür, daß er das Volk Israel nicht vergessen hat. Er dankt Gott für sein Kind. Er dankt Gott für das Kind, das nach Johannes kommen wird. Es wird die Menschen, die traurig sind und sich im Dunkeln fühlen, in eine helle, freie Welt führen.

Der kleine Johannes wächst. Er bleibt mit seinen Eltern im Gebirge in der Nähe von Jerusalem.

Maria aber ist mit Joram nach Nazareth zurückgekehrt. Bald schon wird sie sich mit ihrem Mann Joseph wieder auf den Weg machen. Die beiden werden nach Süden in die Nähe von Jerusalem reisen müssen, um sich in Bethlehem in die Steuerlisten eintragen zu lassen. Und dort wird auch das andere Kind, das der Engel Gabriel verheißen hat, geboren werden: Jesus.

Die alte Rosa und das Hirtenmädchen Deborah
Jesus wird geboren

Die Nächte werden immer noch länger und kälter. Morgens sind die Wiesen weiß, und die Sonne scheint zuerst schwach. Aber dann dringt sie durch; sie frißt den Rauhreif weg. Für wenige Stunden wird es trügerisch warm, fast wie im Frühling.

Die alte Frau setzt sich dann vor die halbzerfallene Hütte, in der sie wohnt, dicht in den alten Schafspelz gehüllt. In der Sonne wird es ihr wohl. Wenn sie die Augen schließt und die Sonnensterne unter den Augendeckeln tanzen, kann sie sich erinnern an ihre erste Zeit in diesem Land. Fast ein Mädchen noch war sie, als sie mit Julius hierherzog und als Julius selbst diese Hütte baute.

Aber lange durfte dieser Sonnentraum nicht dauern. Rosa weiß: Ich kann nicht einfach in der Sonne sitzen und an früher denken. Ich muß etwas tun. Mein letztes Holz ist verbraucht. Rosa hat auch Hunger.

Sie steht auf. Sie schüttelt den Schafspelz, in dem Strohhalme hängen, kräftig aus. Ihre Arme sind noch stark. Rosa knotet ihre wenigen Kleider in ein Tuch und steigt hinunter zum Bach. Den Pelz hängt sie wieder über ihre Schultern; denn in dem kleinen Tal hinter der Bergkuppe ist es bereits schattig.

Ob man sie noch brauchen kann, ihre alten Arme, ihre mageren Füße, die durch die dünnen Sohlen die Steine und Wurzelstöcke des Talbodens spüren? Rosa sieht, nachdem sie das kleine Tal verlassen hat, weit über die Hügel, über die grünen Weiden, in denen Felsbrocken und Dornbüsche ein unregelmäßiges Geflecht bilden. Kein Lebewesen scheint hier zu hausen. Erst als die Dämmerung heraufsteigt, leuchtet da und dort ein Licht auf, und in der Ferne kann man in den Strahlen der untergehenden Sonne die Umrisse einer kleinen Stadt erraten.

Doch Rosa kennt sich aus. Sie wandert mit großen Schritten auf eine zackige Felswand zu. Gehetzt ist sie, und so stolpert sie auch ab und zu. Gehetzt von der Dunkelheit, die sich immer mehr breit macht.

Von weitem sieht sie, wie die kleine Deborah, das Hirtenmädchen, die Schafe zusammentreibt. Ja, Deborah, Sarah, Rahel – so heißen sie hier alle. Schon mein Name ist fremdländisch, erst recht meine Aussprache. Ich bin immer noch eine Fremde hier, denkt Rosa.

Deborah hat die alte Frau entdeckt. „Rosa ist wieder da! Rosa ist da! Rosa! Rosa!" – schreit das Kind auf die Felswand zu, während es die Schafe mit dem Stecken vor sich hertreibt. Und schon ist Rosa am Eingang der Höhle angekommen, der unter einem Felsvorsprung verborgen liegt. Die jungen Hirten stehen hier im Kreis – sie schreien und zanken durcheinander, so daß keiner Deborah hört, keiner Rosa gesehen hat. Doch da entdeckt einer die alte Frau. Er verstummt mit offenem Mund, dann noch einer und noch einer. Es wird ganz still. Verlegen steht Rosa zwischen ihnen und blickt in die Gesichter der Hirten. Ihr schwerer Atem ist zu hören und das Knistern des Feuers.

„Ich komme sicher ungelegen", sagt sie leise, „ich weiß. Aber Holz spalten etwa oder eure Schlafmatten flicken – das könnte ich noch. Ich brauche nicht viel Essen. Aber die Nächte sind kalt. Ich habe kein Brennholz mehr und ich habe Hunger."

Zuerst bleibt es unheimlich still. Dann lacht der Hirt Jakob, dann Samuel und noch einer in der Runde. Aber es ist nicht das Auslachen, vor dem Rosa, die mit gebeugtem Kopf wartet, so Angst hat. Ist es möglich – freuen sie sich, daß Rosa gekommen ist?

Bald erfährt Rosa, was los ist: In der großen Stadt ist jetzt ein Fest, ein Markt – alle möchten sie hingehen, tanzen, einkaufen, eine Freundin finden und vor allem: ihre Schaffelle verkaufen. Aber wer soll auf die Schafe aufpassen, auf das Feuer und auf Deborah, das Kind, das bei ihnen ist und das sie nicht mitnehmen wollen in die Stadt?

Samuel sagt in die Stille hinein: „Rosa, du bist unser Engel! Paß gut auf aufs Feuer, auf die Schafe, auf Deborah! Wir sind in drei Tagen wieder hier. Deborah, gib Rosa von der Suppe!" Und schon schwingt Samuel die zusammengebundenen Schaffelle auf seine rechte Schulter. Die andern tun dasselbe und verschwinden schnell in der Dunkelheit.

Später sitzt Rosa mit Deborah am Feuer. Rosa ist zum ersten Mal seit langem satt geworden. Und Deborah, die seit dem Tod ihrer Mutter mit ihrem Vater und den anderen Hirten von Weideplatz zu Weideplatz ziehen muß, freut sich immer, wenn die alte Frau kommt. Sie ist wie eine Großmutter. Und Deborah bettelt: „Erzähl doch, Rosa, erzähl wieder von der großen Stadt Rom, erzähl von deinem Julius!" Aber heute bleibt Rosa stumm. Sie ist müde von der weiten Wanderung. „Rosa", beginnt das Kind nach einiger Zeit wieder, „Rosa, hör doch! Samuel hat gesagt, du bist ein Engel. Ein Engel, Rosa, was ist das? Ein Engel? Erzähl doch, Rosa!" Jetzt wird Rosa wieder wach. Sie schaut in Deborahs Gesicht und lacht. „Ach Deborah, Engel – ich glaube nicht, daß es sie wirklich gibt. In deinem Volk erzählen sie von Boten, die von Gott zu den Menschen kommen, oft dann, wenn es den Menschen am allerschlechtesten geht. Und diese Boten sehen aus wie ganz gewöhnliche Menschen. Aber sicher nicht so wie ich, die alte faltige Rosa."

Wieder wird es still. Deborah denkt nach über Gott, von dem sie noch nicht viel gehört hat. Ob er wirklich Boten schickt? Aber dann schaut das Kind wieder zur alten Frau hinüber, und es ist glücklich, daß sie da ist. Es sagt: „Rosa, deine Falten sind nicht schlimm! Rosa, deine Falten gefallen mir!" Gerne würde Deborah über die faltigen Hände und das Gesicht von Rosa streichen. Aber sie wagt es nicht.

In der Stille und Dunkelheit denkt Deborah weiter nach über das, was Rosa vorher geantwortet hat. Rosa ist Römerin, das weiß das Mädchen. Aber dennoch hat sie vom Gott der Juden erzählt. Und ich bin Jüdin, ich sollte es doch wissen, denkt das Kind. Es sagt: „Dieser Gott, Rosa … Dieser Gott, man sieht ihn nicht. Ich möchte ihn sehen, hören, anfassen." Rosa schweigt. Sie zuckt die Achseln. Es ist still. Immer stiller. Deborah schläft auf der Schlafmatte neben dem Feuer ein. Die Schafe schlafen schon lange – ein riesiges dickes Wollknäuel hinten in der Höhle.

Rosa ist alleine wach. Ja, Deborah hat recht mit ihrem Fragen. Warum kann man ihn nicht anfassen, nicht sehen, nicht hören, diesen Gott, zu dem die Juden alle beten? Wer ist dieser Gott, von dem sie sagen: Er wird helfen, auch den Armen. Er wird kommen. Er wird kommen als mächtiger König.

Ist Rosa eingenickt? Vor der Höhle stehen plötzlich dunkle Gestalten, die rufen und aufgeregt ihre Laternen hin und her bewegen. Sind die Hirten wieder umgekehrt? Rosa blickt auf – aber sie blickt in fremde Gesichter, die sich zu ihr hinunterbeugen. „He du, Alte! Ist hier Bethlehem? Wir suchen einen Stall mit einer Krippe, ein junges Paar und ein neugeborenes Kind. Ganz nah von hier muß es sein. Das Kind sei der König der Juden, ein Helfer für uns alle. Der Engel Gottes hat es uns gesagt." Und ein anderer der fremden Hirten fügt hinzu: „Natürlich hatten wir zuerst große Angst. Doch der Engel sagte: ,Fürchtet euch nicht. Ich bringe euch eine große Freude.' Und da war um den Engel ein großes Licht. Und viele andere Engel waren da und lobten Gott. Jetzt aber suchen wir das Kind, das der Engel verheißen hat, wir suchen unsern Helfer und König."

„Ja, ja – sie erzählen manchmal von einem mächtigen König", stottert Rosa, „von einem Helfer, einem Nachkommen des Königs David, der kommen wird. – Träume ich eigentlich, oder seid ihr wirklich da?" Rosa ist verwirrt.

„Du bist wirklich da, alte Frau! Hilf uns! Hör doch: Wir suchen einen Stall; vermutlich ist er auch in einer Höhle. Sie kann nicht weit sein von hier. Hilf uns suchen. Bethlehem, hast du gehört? Wo ist das?" Rosa nickt. Sie legt schnell neues Holz aufs Feuer. Sie weckt Deborah. „Zieh dich an, Kind! Die Männer brauchen Hilfe. Ich muß ihnen den Weg zeigen. Vielleicht haben sie wirklich einen Engel gesehen. Komm mit, ich kann dich nicht allein lassen."

Zu den Hirten sagt Rosa, während sie Deborah in ein warmes Tuch packt: „Es gibt nur eine einzige andere Höhle hierherum – sie gehört einem Wirt von Bethlehem. Die kann ich euch zeigen. Sie ist ganz nah. Aber ich glaube, sie ist unbewohnt!"

Und wieder leiser fügt die Frau hinzu: „Die Männer haben einen Engel gesehen, Deborah. Vielleicht einen wirklichen Engel. Er hat von der Geburt des Königs erzählt."

Und so ziehen sie mit, die alte Römerin Rosa und das Mädchen Deborah. Sie ziehen mit den fremden Hirten zur nahen Höhle. Sie lassen das Feuer und die Schafe allein.

Und die alte Rosa, die nicht an Engel und nicht an diesen unsichtbaren Gott glauben will, und das Mädchen, dem niemand von Engeln und Propheten erzählt hat und das nie beten gelernt hat – sie beide finden mit den fremden Hirten das Kind mit Maria und Joseph. Und sie sehen: Es ist alles so, wie es der Engel zu den Hirten gesagt hatte. Alles ist arm und klein.

„Das ist jetzt eure Höhle", will Rosa zu den Hirten sagen. Aber sie schweigt. Sie spürt: Das ist auch meine Höhle. Hier gehöre auch ich dazu – ich alte arme Frau, eine Fremde in diesem Land. Mit Deborah steht sie lange vor dem Kind. „Es ist ein Junge. Er heißt Jesus", sagt Maria stolz. Und Rosa beugt mit den Hirten die Knie wie vor einem König oder Kaiser.

Später geht sie mit Deborah zurück zu den Schafen, zum Feuer, das noch glüht. Alles ist in Ordnung. Alles ist ruhig. Rosa legt neues Holz aufs Feuer. Deborah hilft ihr. Und das Mädchen sagt zu der alten Frau: „Zum Glück wollten sie mich nicht mitnehmen in die Stadt. Jetzt habe ich das Kind gesehen. Ich habe es angefaßt. Ich habe seine Stimme gehört. Ich glaube, Rosa, ich habe Gott gesehen. Und ich weiß, daß es wirklich Engel gibt."

Die Hand des Mädchens streicht jetzt über das faltige Gesicht. „Nicht nur der Engel der fremden Hirten, Rosa, ich glaube, auch du bist ein Engel, mein Engel."

Da wendet die alte Frau ihr Gesicht ab. Zu ihrem Erstaunen sieht sie, daß draußen die Sonne aufgegangen ist. Die Weiden, die vom Rauhreif kristallen weiß sind, glitzern. Und Rosa weint vor Freude.

Sie träumt einen neuen Sonnentraum, einen Traum vom Frühling, mitten im Winter, zur Zeit der langen kalten Nächte. Aber jetzt weiß sie: Dieser Traum ist nicht verboten. Und sie spürt: Jetzt gehöre ich dazu. Das kleine Kind

in der Krippe hat alles verändert, für mich, für Deborah, für die ganze Welt.

Deborah aber kann es kaum erwarten, daß der Vater und die andern Hirten vom Markt zurückkommen. Sie will ihnen erzählen, was geschehen ist. Und sie hört nicht auf, über diese wunderbare Nacht zu staunen.

Bartholomäus findet einen Freund
Die Geschichte vom zwölfjährigen Jesus im Tempel

Bartholomäus kommt aus der Synagoge. „Ist es gut gegangen im Unterricht? Hast du es heute gekonnt?" fragt der Vater. Das Gesicht des Jungen verfinstert sich. „Ach, diese Gebote – ich habe sie wieder nicht gekonnt. Das Auswendiglernen ist so schwer. Diese alte Sprache gefällt mir nicht!" Der Vater ermuntert ihn: „Versuch' es nochmal, Bartholomäus – bald ist das Passahfest, da wirst du die Gebote aufsagen. Das kann doch jeder Junge in deinem Alter." „Ich glaube an Gott …", fängt Bartholomäus leise an. Aber gleich hört er wieder auf. Plötzlich leuchtet sein Gesicht. „Vater, wir haben heute ein neues Gebet gelernt, das will ich dir vorsagen. Ich kann es gut; es gefällt mir:

> Wie schön ist es, bei Dir zu wohnen, mein Gott!
> Zu Dir möchte ich ganz gehören!
> Mein Herz, mein Kopf, mein Bauch,
> meine Arme und Beine freuen sich auf Dich!
> Der kleine Vogel hat einen Platz gefunden
> unter dem Dach, er ist froh.
> Und die Schwalbe hat ein Nest.
> Sie ist darin sicher mit ihren Jungen.
> Auch wir haben es gut:
> Wir können in Deinem Haus wohnen, Gott.
> Bei Dir ist es schön und warm.
> Wir wollen Dich loben!"

„Das ist aus einem alten Gebet", sagt der Vater, „aus dem Buch der Psalmen!" „Was ist denn das Haus unseres Gottes, Vater?" „Man sagt, der große Tempel hier in Jerusalem sei das Haus von Gott. An den großen Festtagen beten wir in diesem Haus zu ihm. Dann ist es besonders feierlich. Wir spüren ihn ganz nahe. Aber eigentlich, Bartholomäus, bist du immer dann, wenn du mit Gott redest, in seinem Haus." Der Junge wird still und sagt etwas später: „Dann ist es also beim Beten, als ob man ein bißchen bei Gott wohnen würde?" „Ja, so ist es – und nun sag mir das Gebet nochmals auf; es gefällt auch mir!" Der Vater freut sich, daß Bartholomäus nun doch etwas gelernt hat!

„Aber jetzt an die Arbeit! Wir müssen alles bereit machen. Bald beginnt das Passahfest. Die ersten Pilger habe ich heute schon auf der Straße gesehen." Der Vater schiebt mit seinem Jungen die alte Bank an die Wand. Jetzt steht sie sicher. Sie decken ihre schönen Schaffelle darüber; so merkt man nicht, wie alt und wacklig die Bank ist.

Was werden sie in diesem Jahr für Gäste bekommen? Vater und Sohn denken beide darüber nach.

Nachdem der Junge sauber gekehrt hat, fragt er seinen Vater: „Müssen die Pilger kein Geld geben, wenn sie bei uns wohnen? Mein Freund Markus hat mir erzählt, daß die Festgäste bei ihnen in Goldstücken bezahlen!" Der Vater wird zornig. „Es ist nicht erlaubt, Geld zu verlangen. Das tun nur die Römer! Jerusalem, unsere Stadt, gehört allen Bewohnern des Landes zusammen. Darum dürfen alle, die zum großen Fest kommen, hier wohnen, und sie sollen nichts bezahlen ... Aber meistens, das weißt du ja, machen sie uns zum Dank Geschenke." Bartholomäus erinnert sich: Natürlich, die Felle, die auf der Sitzbank liegen und die Bank weicher machen – das sind Felle von Opfertieren; die Passahgäste haben sie früher den Eltern geschenkt.

Später hält Bartholomäus Ausschau. Er steht allein auf dem flachen Dach des Hauses. Immer mehr Pilger strömen in die Stadt. Manche rufen. Esel schreien. Viele Pilger kehren jedes Jahr bei der gleichen Familie in Jerusalem ein; dennoch müssen sie den Weg in der großen Stadt wieder neu suchen. Viele sind müde und staubig. Sicher kommen sie von weither.

Bartholomäus blickt von der Dachterrasse nochmals in den aufgeräumten Wohnraum, der für die Gäste bereit steht. Vielleicht kommt niemand zu uns? Letztes Jahr waren es sehr alte Leute. Vielleicht ist ihnen die Reise zu beschwerlich geworden.?

Da erschrickt er. Er wird am Arm festgehalten und leicht geschüttelt. „Hast du mich nicht rufen hören?" Die Mutter steht vor ihm. „Ich brauche deine Hilfe, Bartholomäus. Hol die Bitterkräuter auf dem Markt! Wir brauchen sie fürs Passah-Essen. Bring genug! Es soll auch für unsere Gäste reichen." „Und wenn keine Gäste kommen?" Die Mutter lacht nur: „Unser Haus ist noch nie leer geblieben am Passahfest."

Später knetet der Junge den Teig für die Brotfladen. Die Kräuter verbreiten einen starken Geruch. Es riecht richtig nach Fest, denkt Bartholomäus. Er freut sich. Und das neue Gebet fällt ihm wieder ein. Er summt es vor sich hin wie ein Lied.

Da! Es klopft! Ein Paar mit einem Jungen, der im Alter von Bartholomäus ist, steht vor der Tür. „Wir kommen aus Nazareth. Wir waren drei Tage unterwegs. Wir heißen Joseph und Maria."

Die Pilger bringen ein schwarzes Schaf mit. Joseph trägt es unter dem Arm; die Beine sind zusammengebunden. Aber Bartholomäus hat keine Zeit zum Staunen. Er weiß, was er zu tun hat: Schnell holt er eine Tonschale und füllt

29

sie mit Wasser, damit die Wanderer ihre Füße waschen können.

Bartholomäus interessiert sich für den fremden Jungen. Endlich ist etwas los! Er fragt und fragt. „Wo habt ihr unterwegs geschlafen? Wie heißt du? Gehst du auch zur Schule?" Und er erfährt: Die Wanderer haben unterwegs unter Ölbäumen geschlafen, draußen! Aber eine ganze Gruppe zusammen. Einer bewachte das Feuer, so mußten sie keine Angst haben vor wilden Tieren. Aber in der Ferne hörte man Raubtiere heulen. Der fremde Junge heißt Jesus. Er erzählt auf die Fragen des Bartholomäus: „Ich kann nicht gut schreiben und lesen und gehe nicht zur Schule. Ich muß meinem Vater in seiner Werkstatt helfen." Bartholomäus stöhnt: „Du kannst froh sein. Ich mag das Lernen nicht! Diese Gebote! Kannst du sie auswendig?" Da beginnt Bartholomäus sich zu wundern; denn er erfährt: Dieser Jesus kann alles auswendig, einfach nur vom Zuhören in der Synagoge! Und Bartholomäus fragt: „Das Gebet vom kleinen Vogel und der Schwalbe – das gefällt mir! –kannst du es auch?" Die beiden Buben sagen es zusammen auf!

„Wie schön ist es, bei Dir zu wohnen, mein Gott!
Zu Dir möchte ich ganz gehören!
Mein Herz, mein Kopf, mein Bauch,
meine Arme und Beine freuen sich auf Dich!
Der kleine Vogel hat einen Platz gefunden
unter dem Dach, er ist froh.
Und die Schwalbe hat ein Nest.
Sie ist darin sicher mit ihren Jungen.
Auch wir haben es gut:
Wir können in Deinem Haus wohnen, Gott.
Bei Dir ist es schön und warm.
Wir wollen Dich loben!"

Aber auch Jesus hat Fragen: „Sag mir, wie ist es im Tempel? Ihr habt es gut, ihr Buben in Jerusalem! Stimmt es, daß ihr euren Vater zum Tempel begleiten dürft, sobald ihr laufen könnt? Wir andern dürfen erst mit dreizehn Jahren zum ersten Mal beim Passahfest in der großen Stadt Jerusalem dabeisein!" „Bist du schon dreizehn?" Bartholomäus stutzt. Jesus schüttelt den Kopf und lacht. „Ich bin erst zwölf. Aber mein Vater hat mich schon dieses Jahr mitgenommen. Er will mich früh an die Feste der Großen gewöhnen. Aber erzähl mir vom Tempel!" Bartholomäus denkt nach und sagt dann: „Dort, im Allerinnersten, dort glänzt es – es ist geheimnisvoll und schön; aber wir dürfen nicht hineingehen. Doch in den äußeren Hallen, da ist es lustig! Man hört dort alle Sprachen. Da sind auch Händler; interessant ist es da, und manchmal gibt es Streit. Ich schaue gern zu!" Jesus erschrickt; sein Gesicht hat einen traurigen Ausdruck bekommen. „So ist es dort? Ich dachte, dort seien gelehrte Männer, die die alten Schriften gut kennen, die möchte ich sehen!" „Ach ja", Bartoholomäus seufzt, „die sind in den inneren Hallen. Aber hör mal: Wie die reden, das ist wie in der Schule, nur noch viel schwieriger. Zu denen würde ich nicht gehen!"

Die sieben Tage des Passahfestes gehen sehr schnell vorbei. Bartholomäus muß seinen Eltern viel helfen. Auch sie feiern Passahmahl. Sie erzählen immer neu die Geschichte vom Auszug aus Ägypten: Wie sich das Volk Israel auf den Weg macht, von Gott begleitet. Und wie jede Familie das Mahl in ihrer Hütte feiert. Alle schlachten dann ein Schaf, ein Opfertier, so wie sie es jetzt tun in Jerusalem. „Wir wollen heute daran denken, daß Gott uns auch jetzt so begleitet, wie das Volk Israel in der Wüste", sagt der Vater.

Auch Joseph hat sein Schaf im Tempel schlachten lassen. Bartholomäus sieht das schwarze Schaffell zum Trocknen im Hof hängen. „Ich schenke dir das Fell", hat Joseph gesagt. Er hat auch die alte Bank geflickt. Er ist Schreiner.

Bartholomäus hat nur wenig mit Jesus geredet. Doch Jesus hat ihm noch andere Gebete beigebracht, auch aus dem Buch der Psalmen. Besonders gefällt Bartholomäus ein Gebet, das man sprechen oder singen kann, wenn man in Not ist. Er will es nicht vergessen:

„Wie der Hirsch nach Wasser schreit,
Gott, so hab' ich Durst nach Dir.
Die Sonne brennt, der Weg ist weit,
Gott, versteckst du Dich vor mir?

Ich schreie laut, Dich darf ich stören.
Hör zu, ich ruf', so laut ich kann.
Dich ruf' ich, Gott, Du wirst mich hören.
Ich warte Gott, Du schaust mich an!

Dafür danke ich Dir!"

Eines Morgens, als Bartholomäus von seiner Arbeit im Stall in den Hof zurückkommt, sind die Fremden abgereist. „Ich hätte mich gern von Jesus verabschiedet – er ist fast mein Freund geworden." Bartholomäus ist betrübt. Aber zum ersten Mal freut er sich auf die Schule. Er möchte mehr wissen über Gott. Er liest in den Psalmen. Es ist mühsam, doch es geht besser als früher. Er kennt ja die Schriftzeichen. Der Festlärm der Passahwoche ist jetzt vorbei!

Zwei Tage später ist Bartholomäus ganz allein zu Hause. Es ist Mittagszeit. Er hat sich in den Schatten gelegt. Es ist ruhig. Da klopft jemand unten an der Haustür! Laut. Immer wieder. Der Junge erschrickt. Er ist oben im Gästeraum, der jetzt nicht mehr für Besuch gebraucht wird. Er schaut hinunter. Ist das nicht das blaue Kopftuch von Maria und der Werkzeugsack, den der Schreiner Joseph mit sich getragen hat? Bartholomäus rennt die Treppe hinunter.

Aufgeregt erzählen Maria und Joseph: „Wir waren schon den halben Weg heimwärts gewandert. Die ganze Gruppe aus Nazareth war beieinander – Männer, Frauen und auch junge Leute. Die Jungen hatten es lustig miteinander. Wir dachten, Jesus sei bei ihnen. Erst spät abends merkten wir, daß Jesus fehlte. Jetzt fragten wir alle nach ihm. Wir hatten große Angst, er sei auf der Rückreise von Anfang an nicht dabeigewesen ... Und dann, Bartholomäus, haben wir gedacht, Jesus habe uns in der Menschenmenge verloren und sei vielleicht zu dir zurückgekehrt. Seid ihr nicht beinahe Freunde geworden? Im Vorhof des Tempels haben wir Jesus schon gesucht. Wir meinten: Vielleicht ist er dort – dort ist es so interessant für Kinder. Es gibt viel Merkwürdiges zu beobachten."

Bartholomäus hat gespannt zugehört. Auch er hat Angst um Jesus wie seine Eltern. Er denkt nach. Und da erinnert er sich an sein erstes Gespräch mit Jesus. Er wollte doch mehr über die gelehrten Männer, die Lehrer im Tempel wissen und mit ihnen reden, um die alten Schriften besser kennenzulernen. „Ich komme mit euch, folgt mir", sagt er, „ich führe euch; ich kenne eine Abkürzung zum Tempel. Ich glaube, ich weiß, wo Jesus ist."

Bald sind sie in der Säulenhalle angelangt. „Dort sitzt er, schaut!" Bartholomäus hat gute Augen. Maria und Joseph bleiben wie angewurzelt stehen. Sie sehen, wie Jesus redet. Sie sehen, daß er wie ein Erwachsener fragt. Alle hören ihm zu und behandeln ihn wie einen Lehrer.

Maria freut sich und staunt. Aber sie ist auch etwas böse. Sie hat große Angst gehabt um Jesus – er ist doch noch ein Kind! Und sie ruft: „Warum hast du uns das angetan, Jesus? Warum hast du uns nichts gesagt? Wir haben so Angst gehabt um dich und suchen dich schon drei Tage lang. Deinetwegen sind wir wieder umgekehrt, den ganzen langen Weg."

Jesus antwortet vor allen Schriftgelehrten ganz laut: „Warum habt ihr mich gesucht? Wißt ihr nicht, daß ich im Haus meines Vaters sein muß?"

Die Eltern verstehen ihn nicht. Auch Bartholomäus versteht ihn nicht. Er denkt nach. Hat Jesus nicht gesagt, daß man bei Gott wohnen kann wie bei einem Vater? Ganz nahe bei ihm sein wie ein Kind bei seinen Eltern? Ist es das, wenn er sagt: Im Haus meines Vaters? Meint er Gott, wenn er Vater sagt? – Doch was heißt es, wenn Jesus sagt, er sei der Sohn des allmächtigen Gottes? Sind wir das nicht alle: Kinder Gottes? Ist es bei ihm anders?

Bartholomäus denkt weiter nach, nachdem Jesus mit seinen Eltern weggezogen ist und er ihm noch lange gewinkt hat. Zeit zu fragen hatte er nicht. Immer, wenn er den Psalm betet vom Wohnen bei Gott, denkt Bartholomäus an Jesus. Ob Jesus wohl wieder kommt? Ist er wirklich Gottes Sohn?

Bartholomäus möchte ihn wiedersehen!

Nathan erfüllt einen Auftrag für Herodes
Johannes tauft Jesus

Es ist eine große Ehre, daß du bei Herodes dienen darfst", hatte der Vater damals zu seinem Jungen gesagt, als er ihn nach Tiberias brachte. Der kleine Nathan klammerte sich an den Vater und wischte immer wieder seine Tränen ab.

Das ist schon einige Jahre her. Nur selten hat Nathan seither seine Eltern in Nazareth besucht. Am Hof des Herodes Antipas mußte er zuerst die vornehme Fürstin, die Frau des Herodes, bedienen. Sie kam aus einem fernen Land und sprach eine fremde Sprache. Aber sie war freundlich mit dem Jungen, bis sie plötzlich wegzog, zurück zu ihrem Vater, dem König der Nabatäer. „Ich kann nicht länger hierbleiben", sagte sie, „Herodes nimmt sich eine andere Frau, die er mehr liebt als mich."
Zuerst hat der neue glänzende Palast in Tiberias Nathan Angst gemacht. Auch vor Herodes, seinem Herrn, fürchtete er sich. Er wußte: Dieser Herodes ist der Sohn des großen Königs Herodes, aber er hat weniger Macht als sein Vater. Darum ist er unzufrieden. Und doch ist er Herr in Galiläa. Auch weiter im Süden regiert er. Dort hält er sich oft in einer Burg auf. Machärus soll sie heißen. Nathan hat die Burg noch nie gesehen.

Jetzt aber ist Nathan allein unterwegs nach Süden. Endlich wird er die Burg Machärus kennenlernen. Er ist

gespannt. Er muß inzwischen nicht mehr in den Frauenge-
mächern dienen. Er ist schon fast ein Mann. Er ist Diener
des Herodes selbst. Bald wird er auch Soldat werden können. Sein Heimweh nach den Eltern ist nicht mehr so groß.
Er hat von seinem Herrn einen wichtigen Auftrag erhalten.
Nathan ist stolz.

Der junge Diener soll dem Herodes Antipas mehr von
Johannes erzählen. Der Herr hat zu Nathan, als sie ganz
allein waren, gesagt: „Er ist ein Prophet, Nathan. Ich habe
ihn einmal reden hören. Er hat mir gefallen. Ich möchte
mehr von ihm wissen. Kennst du die Geschichte vom Propheten Elia? So ähnlich soll dieser Johannes sein. Er hat
lange in der Wüste gelebt. Er trägt ein Kleid aus Kamelhaa-
ren. Er ißt Heuschrecken und wilden Honig. Jetzt soll er mit
seinen Freunden im Jordantal unterwegs sein. Schau, ob du
ihn findest, Nathan. Hör ihm gut zu. Und nachher: Komm
zu mir nach Machärus. Sag niemandem, warum du unterwegs bist. Hier, nimm diesen Brief. So kannst du sagen, du
müßtest eine Botschaft nach Machärus tragen, wenn dich
jemand fragt. Und vor allem, Nathan: Meine neue Frau,
Herodias, soll nicht erfahren, wo du warst und was dein
Auftrag ist. Verstanden?"

Während Nathan den Jordan entlangzieht, denkt er
immer wieder an die Worte des Herodes. Er tastet nach dem
versiegelten Brief. Er schaut sich immer wieder um.

Plötzlich hört er in der Ferne Stimmen, viele Stimmen.
Dicht neben dem Fluß sieht er viele Menschen, die zusam-
menstehen. Einzelne rufen und winken andere herbei.
Manche scheinen im Jordan zu baden. Was ist hier los? Nathan fragt einen Wanderer. „Es ist Johannes der Täufer",
bekommt er zur Antwort. „He du", will er fragen, „was ist
das, ein Täufer – ist er der gleiche Johannes, den sie den

Propheten nennen?" Aber schon ist der Wanderer zu weit weg.

Nathan mischt sich unter die Menschen, die hier versammelt sind. Viele scheinen von Jerusalem herunterzukommen. Andere auch aus Galiläa. Nathan kann sie an ihrer Sprache erkennen. Unauffällig lauscht er. „Johannes sagt, wir sollen umkehren", hört er. „Buße tun sollen wir. Anders werden. Besser werden sollen wir, daß Gott uns nicht bestraft." „Wir sollen zugeben, daß wir schlecht sind. Und wir sollen uns ändern." Einen reichen Mann hört Nathan sagen: „Ich muß meinen zweiten Mantel verschenken, so will es Johannes." Ein Zöllner erzählt: „Ich weiß, ich habe immer zuviel Geld verlangt. Ich werde es nicht mehr tun."

Einen jungen Soldaten sieht Nathan von hinten. Er hört ihn laut zu einem andern sagen: „Wir sollen mit unserm Lohn zufrieden sein und niemanden töten, um ihn nachher auszurauben." Nathan kennt diesen Soldaten. Er gehört auch zu Herodes Antipas. Ihn will er vorsichtig fragen über das, was hier vorgeht.

Der Soldat zeigt nach vorn, zum Ufer: „Schau dort vorn, Nathan, dort steht der Prophet Johannes. Er tauft alle, die sich bessern wollen. Er übergießt sie mit Wasser. Er wäscht alles Schlechte von ihnen ab. Sie beginnen ein neues Leben." „Bist du auch getauft?" fragt Nathan leise. Der Soldat drückt den Zeigefinger auf den Mund. „Pst", flüstert er, „sag davon unserm Herrn Herodes lieber nichts." Und da hat Nathan den Soldaten bereits aus den Augen verloren. Er ist in der Menge verschwunden.

Aber jetzt steht der Junge plötzlich ganz nahe am Fluß. Das muß er sein! Ja, da vorn ist Johannes in seinem Kamelfell, so wie Herodes ihn beschrieben hat. Er spricht laut zu den vielen Menschen. Er predigt. Er redet aber auch mit jedem einzelnen, der mit ihm in den Fluß steigt, um sich taufen zu lassen. Mit seinen hohlen Händen schöpft er Wasser und gießt es über den Kopf des Menschen, der vor ihm steht. Er hat das Taufen zu seinem Beruf gemacht, darum nennen sie ihn den Täufer, denkt Nathan. Der Junge wird von den vielen Menschen hin- und hergestoßen. Plötzlich steht er so nahe beim Jordan, daß seine Füße naß werden.

Jetzt kann er die Stimme des Johannes genau hören. „Ich verkündige euch eine frohe Botschaft. Das Himmelreich kommt zu euch. Die Herrschaft Gottes macht auch euer Leben neu. Ich gehe nur voraus, um euch dies zu sagen. Nach mir kommt einer, der stärker ist als ich – so mächtig, daß ich nicht einmal sein Diener sein könnte. Ich wäre nicht würdig, ihm die Riemen seiner Sandalen zu lösen." Die Menschen staunen. „Ich habe gedacht, er sei der Messias", sagt eine Frau neben Nathan. „Aber er hat vorhin gesagt, er sei nur gekommen, um den Weg des Herrn schön und eben zu machen. Ich verstehe ihn nicht." „Er hat gesagt: Ich taufe mit Wasser. Nach mir kommt einer, der mit Feuer tauft", erwidert eine andere Frau. Auch sie versteht den Johannes nicht ganz. Und doch läßt sie sich taufen und wird froh. Ich will mir dies genau merken, denkt Nathan. Soll ich meinem Herrn alles erzählen?

Und wie Nathan noch darüber nachdenkt, sieht er auf einmal Jesus vor Johannes stehen. Ja, das ist Jesus von Nazareth. Der Sohn des Schreiners. Nathan erkennt ihn, obwohl er schon so lange von Nazareth fort ist. Er hat Jesus früher oft gesehen. Jesus neigt seinen Kopf vor Johannes. Er will sich auch taufen lassen. Aber Johannes zögert. Hat er etwas gegen Jesus? Doch da hört Nathan Johannes fragen: „Kommst du zu mir, daß ich dich taufen soll? Eigentlich solltest du mich taufen. Du wirst größer und wichtiger sein als ich."

Nathan sieht, daß Jesus dennoch getauft wird von Johannes. Er sieht, daß Jesus betet – seine Worte versteht er in dem Stimmengewirr nicht. Und dann sehen alle: Der Himmel öffnet sich über Jesus, und es ist, als ob eine Taube aus dem Himmel zu Jesus fliegen würde. „Das ist der Geist Gottes", flüstern die Frauen neben Nathan. Aus dem Himmel aber klingt eine klare Stimme, die alle verstehen: „Du bist mein geliebter Sohn. An dir habe ich Wohlgefallen gefunden."

Nathan bleibt lange stehen. Er ist wie gebannt von dem, was er hier sieht. Eine Stimme aus dem Himmel! Hat er geträumt? Nein, sagt er sich. Die Stimme redete mit Jesus. Den kenne ich doch. Aber dem Herodes soll ich von Johannes erzählen. In Machärus. Ja, ich muß mich auf den Weg machen! Nathan ist gespannt auf die Burg. Er hat Herodes viel zu erzählen.

Bevor er sich auf den Weg macht, sieht er, daß auch Johannes mit seinen Freunden aufbricht, hinauf ins Gebirge.

Machärus liegt in den Felsen, hoch über dem Toten Meer. Feste Mauern umgeben die Burg; nur über steile Treppen kann man sie erreichen. Im Innern aber ist alles aufs kostbarste eingerichtet. Herodes hat hier für seine neue Frau Herodias alles erneuert und vergoldet.

Mehrere Tage muß Nathan warten, bis er einmal mit Herodes Antipas alleine ist. Der Herr hat ihn in sein Schreibzimmer gerufen. Vorher war die Herrin Herodias immer dabei. Nathan weiß, daß er vor ihr nicht über Johannes reden darf. Er weiß jetzt auch, weshalb. Mehrfach schon haben sie es hier in Machärus erzählt: „Johannes hat laut gesagt, daß Herodes seine neue Frau Herodias eigentlich nicht hätte heiraten dürfen; denn sie ist doch die Frau seines Bruders. Es ist für einen Juden nicht erlaubt, die Frau seines Bruders zu heiraten." Und Nathan hat auch gehört, wie Herodias zu ihrer Tochter Salome und den Dienerinnen sagte: „Am liebsten würde ich diesen Johannes töten lassen. Ich hasse ihn."

Wie nun Nathan seinem Herrn alles erzählt, was er am Jordan mit Johannes und Jesus erlebt hat, sieht er: Der Fürst ist ratlos. Eigentlich mag Herodes den Johannes und weiß: Er ist ein gerechter und heiliger Mann. Doch seine Frau Herodias haßt diesen Propheten. Nathan weiß nicht, daß Johannes gerade jetzt, wenige Tage nachdem er ihn am Jordan gesehen hat, gefangengenommen wird. Soldaten des Herodes Antipas haben ihn im Gebirge gesucht und ins Gefängnis von Machärus gesperrt. Herodias hat es so gewollt.

Bald darauf wird in der Burg ein Fest gefeiert. Herodes hat Geburtstag. Viele Gäste sind zu einem herrlichen Essen eingeladen. Salome, die Tochter der Herodias, tanzt; sie ist eine Künstlerin im Tanzen – einige andere junge Mädchen spielen dazu auf Flöten und Harfen. Herodes ist begeistert. Er sagt zu dem Mädchen: „Du darfst dir etwas von mir wünschen – ich werde dir jeden Wunsch erfüllen – ich gebe dir sogar die Hälfte meines Fürstentums. Ich schwöre es." Bevor sich Salome aber etwas wünscht, eilt sie zu ihrer Mutter Herodias und fragt sie um Rat. Erst danach kehrt sie zu Herodes zurück und bittet ihn: „Herodes, ich wünsche mir, daß du mir auf einer Schüssel sofort den Kopf Johannes des Täufers bringst. Das ist mein größter Wunsch." Alle wissen, daß dies der Wunsch der Herodias ist. Alle haben Angst vor ihr. Auch Herodes. Doch er muß halten, was er versprochen hat. Er ist sehr betrübt. Dennoch schickt er seine Diener ins Gefängnis, um Johannes zu töten. Und es dauert nicht lange, so wird der Kopf des Johannes auf einer

Schüssel gebracht. Salome gibt die Schüssel ihrer Mutter.

Nathan hat aus einer Ecke alles mitangesehen. „Nein, nein", hat er zuerst leise, dann immer lauter geschrien. Und er hat gesehen: Herodes ist ihm nicht böse. Aber Herodias ist selbst aufgestanden, zu ihm gekommen und hat ihm böse ins Ohr gezischt und ihn grob aus dem Saal gestoßen: „Weg mit dir, du Kleiner – du hast dich nicht in die Angelegenheiten deines Fürsten zu mischen."

Sehr schnell hat Nathan seine Sachen zusammengeschnürt. Mitten in der Nacht macht er sich auf den Weg. „Nein, ich will nicht mehr Soldat werden." Nathan freut sich, nach Nazareth zu seiner Familie zurückzukehren. Und er denkt: Ob ich dort Jesus treffen werde. Ob er mehr weiß über Johannes?

Obed und die vielen Fische
Die Berufung des Simon Petrus

Während Obed langsam auf Kapernaum zusegelt, legt sich der Morgenwind. Obed zieht die Segel ein und rudert zum Land. Immer wieder wischt er sich den Schweiß von der Stirn. Hoffentlich lohnt sich die Fahrt! Der große Fischkasten im Bauch seines Schiffes ist leer. Obed hat aber den Auftrag erhalten, möglichst bald mit einem gefüllten Kasten zurückzukehren. Überall soll er bei den Fischern die besten Fische zusammenkaufen, um sie zurück nach Magdala zu bringen; denn dort hat sich die Fischfabrik vergrößert. Neue Salzfässer sind hergestellt worden. In ihnen werden die Fische in Salz gelegt, gepökelt und nachher verkauft. Ja, die Fische vom See Genezareth sind beliebt in den großen Städten! Gestern ist sogar eine Bestellung aus Rom eingetroffen!

Obed denkt an die ferne Stadt Rom, die er so gerne sehen würde. Er vergißt beim Nachdenken sogar die aufkommende Hitze für einige Zeit, bis sein Schiff sanft am Ufer auffährt, und er sich mit einer gut eingeübten Bewegung über den Bootsrand schwingt, für kurze Zeit etwas schwankend im knietiefen Wasser steht und dann das Schiff vollends an Land zieht.

Auch andere Boote liegen hier am Ufer, kleine Fischerboote. Niemand braucht sie zu dieser Tageszeit. Obwohl die kleine Stadt Kapernaum ganz nahe ist, wirkt die Bucht mit den Booten ausgestorben. Obed entdeckt nur zwei Fischer, die, an den Rand ihrer Boote gelehnt, miteinander reden, während sie ihre Netze sauber machen. Eigentlich möchte Obed gleich fragen: „Was habt ihr gefangen? Ich kaufe eure Fische – und zwar zu einem guten Preis!" Aber er merkt, daß die Fischer mißmutig und müde sind. Er grüßt sie möglichst freundlich. Er beginnt, beim Reinigen der Netze zu helfen. Er hört den Männern zu. Fragen kann er ja später noch! Algen, dürre Äste, abgebrochene Schilfhalme und tote Fische müssen aus dem Geflecht der Netze gezerrt werden – eine mühsame Arbeit!

„Nichts gefangen, die ganze Nacht keinen einzigen Fisch!" seufzt einer der Männer. „Nicht einmal genug für die eigene Familie, erst recht nichts, was ich auf dem Markt anbieten könnte", fügt der andere Fischer hinzu. „Dann auch nichts für mich", bemerkt Obed und zeigt auf sein Schiff mit dem Fischkasten. „Ich komme von Magdala herüber. Ich hoffte, bei euch Fische kaufen zu können. Für die Fischfabrik. Auch bei uns ist kein gutes Fangwetter."

Die Männer sehen Obed nur kurz an und arbeiten stumm weiter. Sie haben schon einen ganzen Haufen Abfall aus den Netzen gezerrt. „Mußt du nicht wieder nach Hause gehen, Simon?" fragt der eine der Fischer. „Ich dachte, du mußt deine Frau ablösen und die Schwiegermutter pflegen." „Stell dir vor", erwidert Simon, „stell dir vor, Andreas, sie ist gesund. Das heftige Fieber ist weg. Sie wurde plötzlich gesund. Sie kocht und putzt sogar wieder für uns. Merkwürdig: Dieser Mann, den die Nachbarinnen zu uns geschickt hatten, stellte sich ans Bett der alten Frau, oben bei ihrem Kopf. Er vertrieb das Fieber. Ich habe seine Worte nicht verstanden. Aber er hat in wenigen Minuten mehr zustande gebracht als wir in zwei Wochen mit all unsern Umschlägen und Fiebermitteln aus den besten Kräutern."

Andreas läßt das Fischernetz vor sich auf den Boden gleiten. Er schaut Simon verwundert an und fragt stockend: „War er ein Zauberer, ein Wunderheiler? War er ein Arzt? Hattest du Geld, ihn zu bezahlen?" Und weil Simon nicht sofort antwortet, fügt er ungeduldig hinzu: „Wie hieß der Mann?" Simon schüttelt den Kopf und sagt: „Er war sofort wieder weg. Und er verlangte nichts. Sie haben ihn bedrängt, die Nachbarinnen. ‚Komm weiter, Herr', sagten sie.' Viele Kranke warten auf dich. Komm weiter, Jesus!' – Ja, Jesus hieß er, dieser Mann. Sonst weiß ich nichts über ihn." „Jesus", wiederholt Andreas nachdenklich. „Jesus", sagt auch Obed, „so heißen bei uns viele."

Die Männer nehmen die Netze wieder auf und arbeiten weiter. Die Sonne steigt höher. Es wird noch heißer. Gelegentlich sinkt einem von ihnen das Kinn auf die Brust, und er schläft für kurze Zeit ein.

Endlich ist eines der Fischernetze ganz sauber. Simon und Andreas breiten es auf den Ufersteinen aus. Dann rollen sie es sorgfältig zusammen und legen es hinten in das eine Schiff. Bald darauf ist auch das zweite Netz gereinigt und zusammengelegt. „Komm doch zu uns!" fordert Simon den Mann von der Fischfabrik in Magdala auf. „Du kannst nicht in der Mittagshitze nach Hause fahren. Warte bei uns, bis der Abendwind aufkommt und du deine Segel wieder aufziehen kannst."

Als Simon sich gerade zum Aufbruch bereit gemacht hat, den leeren Proviantkorb unter den Arm geklemmt, stößt ihn Andreas mit dem Ellbogen an und sagt: „Sieh doch den Mann, der vom Städtchen auf uns zukommt. Kennst du den? Es ist ein Fremder. Was will er wohl?" Simon schaut auf. Er stutzt. „Das ist der Mann, der meine Schwiegermutter geheilt hat", sagt er leise. Und schon steht der Mann vor ihnen. Hinter ihm her kommen viele Menschen aus dem Städtchen. Sie sind plötzlich da. Sie drängen. „Jesus, Jesus!" rufen sie. „Laßt uns zu Jesus", rufen besonders laut zwei Männer, die einen Kranken auf einer Bahre tragen. Es werden immer mehr Menschen. Die Fischer und Jesus werden beinahe ins Wasser gedrängt. Sie halten sich an den Booten fest, die am Ufer liegen.

Jesus geht auf Simon zu. „Gehört dir dieses Schiff? Stoß es ins Wasser und laß mich einsteigen. Ich möchte ein kleines Stück hinausfahren, damit all die Menschen am Ufer mich hören und sehen können. Ich will zu ihnen reden."

Simon schiebt sein Boot ins Wasser. Er läßt Jesus einsteigen und gibt dem Boot einen Stoß. Simon steht im Wasser und behält das Seil, mit dem das Boot angebunden wird, in der Hand. Wenn es zu nahe ans Ufer treibt, gibt er ihm wieder einen kleinen Stoß. Simon muß Jesus vor den vielen Menschen schützen, die am liebsten im Boot stehen oder sitzen möchten, um Jesus ganz nahe zu sein.

Auch Obed fährt mit seinem Boot auf den See hinaus. Er ist hineingesprungen und hat sich abgestoßen. Er setzt sich auf seinen Fischkasten und versucht, mit Hilfe der leichten Bewegung eines Ruders möglichst nahe bei Jesus zu bleiben. Er sieht die Menschen, die am Ufer stehen. Sie sind ganz ruhig geworden. Alle können Jesus jetzt sehen und ihm zuhören. Auch Obed versucht, die Predigt zu verstehen. Das Plätschern des Wassers stört ihn immer wieder. Aber er kann nicht noch näher an das andere Schiff heranfahren. Er würde Jesus durch seine Ruderschläge stören – und er kennt ihn ja gar nicht. Er versteht, daß Jesus von Gott redet. Offenbar erzählt er neue Geschichten von Gott. Er scheint anders zu sein als die Lehrer, die Obed von der Synagoge kennt, auch anders als die Rabbis, die er sonst gesehen und gehört hat. Ob Jesus auch einmal nach Magdala kommt? Ob er auch dort Kranke heilen wird?

Plötzlich merkt Obed, daß sein Boot abgetrieben worden ist. Weil er Jesus nicht mehr verstehen konnte, hat er auf den See hinausgeschaut, nachgedacht, geträumt. Wie er sich umdreht, ist die Volksmenge verschwunden. Jesus sitzt immer noch im Schiff, das Simon gerade ans Land zieht. Jetzt rudert Obed direkt auf Jesus zu. Vielleicht kann er ihn jetzt von ganz nahe sehen? Was redet er wohl mit Simon? Simon scheint zu stutzen. Aber dann schaut er zu ihm hinüber. Er winkt. „Komm Obed, komm doch, hilf mir", ruft er laut. Und schon fährt Obeds Boot auf den Grund auf und ist schnell wieder an Land gezogen. Jesus hat sich auf einen Felsen am Ufer gesetzt und Simon sagt: „Komm mit mir hinaus auf den See. Jesus sagt, wir sollen jetzt hinausfahren und die Netze auswerfen." „Jetzt?" Obed schüttelt den Kopf. „Wer fängt denn Fische mitten am Tag – und erst recht bei dieser Hitze?" „Ich hab's auch gesagt", antwortet Simon, „ich habe Jesus erzählt, daß wir während der ganzen Nacht gearbeitet und nichts gefangen haben. Wie soll es jetzt in der Hitze möglich sein? Dennoch. Weil Jesus es gesagt hat, will ich es tun, etwas so Verrücktes: mitten am Tag hinausfahren und die Netze auswerfen. Komm doch mit, Obed. Schau, auch Andreas macht mit seinen Gehilfen sein Boot zurecht." Obed schüttelt den Kopf. Aber er steigt ein. Er fährt mit und bewegt das kleine Ruder, während Simon die Netze auswirft.

Kaum sind die Netze im Wasser, beginnen die dicken Korkstücke, die das Geflecht des Netzes tragen, zu zittern. Es ist, als ob das Netz in die Tiefe gezogen würde. Das Zittern wird stärker, die Korkstücke verschwinden im Wasser. Simon und Obed beugen sich über den Bootsrand. Es wimmelt von unzähligen kleinen und großen Fischen.

Die Männer können es zuerst kaum glauben. Sie staunen und sind wie gelähmt. Dann aber ziehen sie das erste Netz zusammen. Sie sehen: Es ist so voll, daß sie es nicht allein in Simons Schiff ziehen können. „Komm Andreas, hilf uns, komm schnell!" Andreas fährt nahe heran. Auch er staunt. Gemeinsam heben sie das volle Netz aus dem Wasser und lassen es in Simons Boot klatschen. Obed und Simon stehen mitten in den glitschigen Fischen. Sie stöhnen vor Anstrengung und zugleich lachen sie. Eine solche Fülle haben sie noch nie erlebt! Auch das andere Netz wird ganz schwer. Sie zerren es ins Boot. Das Boot wird jetzt bis zum Rand voll. Simon hat Angst. „Mein Boot darf nicht untergehen! Es ist noch neu. Es ist mein wichtigster Besitz!"

Auch das Boot des Andreas wird mit Fischen bis oben gefüllt. Nur mit Mühe können die Fischer die beiden Boote mit den Fischen ans Ufer rudern, sie vorsichtig auffahren lassen. Obed bindet Simons Boot fest. Simon aber wirft sich vor Jesus auf die Knie und ruft: „Herr, ich bin klein und schwach. Ich kann nichts aus eigener Kraft. Du aber kannst alles. Du bist ein mächtiger und großer Herr. Ich habe Angst."

Auch Obed hat Angst, auch Andreas und die anderen Fischer, die mitgeholfen haben. Sie haben noch nie so volle Netze gesehen. Sie verstehen das alles nicht. Wer ist dieser Jesus?

Nun hört Obed Jesus sagen: „Fürchte dich nicht, Simon! Von nun an wirst du nicht mehr Fische fangen, sondern mit mir andere Menschen sammeln. Komm, bleibe bei mir und hilf mir!" Simon überlegt nicht lange. Er weiß: Jesus braucht mich. Mit ihm zu gehen und ihm zu dienen ist wichtiger als alles andere. Mit Jesus bin ich näher bei Gott.

Auch Andreas und zwei andere Fischer, Johannes und Jakobus, wollen zu Jesus gehören. Sie wollen bei ihm bleiben. Sie folgen ihm nach. Er ist für sie wichtiger als ihre Häuser und Äcker, sogar wichtiger als ihre Familien. Sie lassen alles zurück, um Jesus zu begleiten. Auch die schönen Fischerboote lassen sie liegen. Sie sagen: „Wir werden Menschenfischer sein, zusammen mit Jesus. Er braucht uns."

Obed hat Simon und Andreas, Jakobus und Johannes beobachtet und gehört. Er kann sie nicht verstehen. Er steht zwischen den beiden vollen Booten. Die gefangenen Fische glänzen. Einzelne zappeln noch. So schnell ist das alles gegangen. „He", ruft Obed, „deine Fische, Simon! Simon, du wolltest doch zum Markt gehen! Und Simon, hör doch, ich bezahle viel, ich kaufe dir alles ab. Simon, hör doch!" Simon aber dreht sich kaum um. „Nimm sie, meine Fische! Obed, mach damit, was du willst", ruft er über die Schulter und bindet dann seine Sandalen fest, um mit Jesus fortzuziehen.

Obed ist wie erstarrt. Doch plötzlich, als Jesus mit seinen neuen Freunden bereits im Städtchen verschwindet, beginnt er zu laufen, so schnell er kann. Er ist außer Atem. Er holt die Männer ein. Und er streckt Jesus seinen Geldbeutel entgegen. „Nehmt das! Ihr könnt es unterwegs brauchen! Es ist eigentlich viel zu wenig für die vielen Fische." Jesus will das Geld nicht. Auch Simon weist es zurück. Schließlich nimmt es ein anderer der Männer an. „Ja, vielleicht sind wir unterwegs noch froh. Bald müssen wir wieder Brot kaufen."

Obed fühlt sich besser. Jetzt kann er die wunderbaren Fische mit gutem Gewissen behalten. Er eilt zurück zum See. Er füllt seinen Fischkasten bis zum Rand. Aber Simons Boot ist immer noch fast voll. Obed stößt es ins Wasser. Er bindet es mit einem Seil an seinem eigenen Schiff fest und rudert ganz langsam hinaus auf den See.

Erst gegen Abend kommt Wind auf. Mit den Segeln gelangt Obed jetzt rasch hinüber nach Magdala.

Andere Fischer wundern sich über das Boot, das er hinter sich herzieht. Er schmunzelt. Wieviele der neuen Fässer werden heute gefüllt werden? Und dennoch: Eigentlich sind auch für Obed die Fische nicht mehr das Wichtigste. Immer wieder denkt er an Simon, dessen neues Schiff er nicht aus den Augen läßt. An Simon, der alles verlassen hat, weil er mit diesem Jesus wegziehen wollte. Morgen will ich zurückfahren nach Kapernaum, denkt Obed. Ich will das schöne Boot des Simon leer zurückbringen. Ich will es dort an Land ziehen. Ich will es an einen guten Ort legen und umdrehen; ich will es festbinden. Wer weiß, vielleicht braucht Simon Petrus es doch noch?

Für Jairus beginnt ein neues Leben
Jesus heilt ein Mädchen

Jairus ordnet die Schriftrollen. Er macht seinen Rundgang durch die Synagoge. Ja, alles ist bereit! Heute abend beginnt der Sabbat. Für den Sabbat soll es schön sein.

Jairus ist Vorsteher der Synagoge. Er ist ein wichtiger Mann in Kapernaum. Während er das Tor der Synagoge zuschließt, horcht er auf. Er hört eilige Schritte näherkommen. Bald erkennt er seine beiden jungen Diener, die winken und aufgeregt rufen. Endlich sind sie so nahe herangekommen, daß er sie verstehen kann: „Jairus komm, komm schnell nach Hause. Die Herrin läßt dich rufen. Eurer Tochter geht es noch schlechter als in der Nacht. Komm doch, Jairus – das Kind glüht vor Fieber und kann nicht mehr reden. Deine Frau fürchtet, es werde sterben." Jairus fährt zusammen. Als er sein Haus verlassen hat, ging es dem kranken Kind, seiner einzigen Tochter, besser. Er hatte neue Hoffnung! Schnell steckt er jetzt den Schlüssel der Synagoge ein und eilt den Dienern voraus durch die Stadt.

„Was ist denn hier los?" fragt er bald darauf seine Diener. Jairus ist ungeduldig, weil er nicht schneller vorankommt. Die Hauptstraße, die zum Hafen führt, ist voller Menschen. Auch Esel und Karren versperren den Weg. Ein lautes Stimmengewirr schlägt ihm entgegen. „Herr, gerade ist ein Schiff angekommen", ruft der eine Diener. „Herr, dieser Prediger Jesus ist ausgestiegen. Alle wollen ihn sehen. Alle wollen mit ihm reden."

„Jesus?" Jairus bleibt mitten im Gedränge stehen.
„Jesus?" Wo hat er diesen Namen schon gehört? Er denkt
nach. Hat es nicht vor kurzem Ärger gegeben mit einem
Jesus? Ja, ein Jesus aus Nazareth hat Kranke gesund
gemacht. Jairus fällt jetzt alles ein. Ärger gab es, weil Jesus
den Mann mit der verkrüppelten Hand am Sabbat heilte.
Jairus erinnert sich plötzlich. Auch er fand: Warum muß es
gerade am Sabbat sein, wo doch an diesem Tag alle Arbeit
ruhen soll. Dennoch hat Jairus diesen Rabbi bewundert. Er
hat ihm gerne zugehört. Am See unten erzählte Jesus
Geschichten von Gott – Geschichten voller Kraft, wie Jairus
sie nie vorher gehört hatte. Er weiß auch, daß Jesus Schüler
hat, Menschen, die ihren Beruf und ihre Familien verlassen
haben, um mit Jesus durchs Land zu ziehen. Wie Jairus mitten im Gedränge der Hafenstraße steht, fällt ihm dies alles
ein.

Plötzlich funkeln seine Augen und fast fröhlich ruft er
den Dienern zu: „Ich suche Jesus. Ja, ich bringe ihn nach
Hause. Sagt es meiner Frau! Ich hole Jesus. Sicher wird
Jesus meine Tochter gesund machen." Die Diener
erschrecken und jammern: „Du sollst sofort nach Hause
kommen. Wir haben deiner Frau versprochen, dich sehr
schnell zu holen. Komm doch jetzt gleich mit!" Aber sie
sehen, daß sie ihren Herrn nicht zwingen können. Alleine
kehren sie zurück. Sie denken: Was vermag dieser merkwürdige Prediger schon? Sie zucken die Achseln.

Jairus drängt sich mit Hilfe seiner Ellbogen durch die
Menge. Die Menschen beschimpfen ihn. Zwei Frauen sagen
zueinander: „Sieh mal, unser Synagogenvorsteher. Er führt
sich auf wie ein junger Bursche." Das kümmert Jairus nicht.
Er will dahin, wo das Gedränge am allergrößten ist. Da muß
Jesus sein.

Und wirklich: Plötzlich steht Jesus vor ihm. Jairus erkennt

ihn. Und er fällt vor Jesus auf die Knie. Beinahe wird er von den vielen Menschen zertrampelt. Er hält sich an Jesu Füßen fest, schaut zu ihm auf und bittet ihn laut: „Jesus, komm doch zu mir. Mein Töchterlein liegt im Sterben. Komm, Jesus! Ich weiß, daß du helfen kannst. Mein Kind wird gesund, wenn du deine Hände auflegst. Du kannst es retten." Jesus hört genau zu. Er will Jairus helfen. „Ich komme mit dir, zeig mir den Weg." Zusammen gehen sie in die Gasse, in der Jairus wohnt. Viele Menschen folgen ihnen.

Sie kommen nur langsam voran. Jairus hat Angst um sein Kind. Er hat Angst, Jesus im Gedränge zu verlieren. Von allen Seiten werden sie von Menschen gestoßen. Da bleibt Jesus stehen. Er blickt zurück. Er dreht sich um. Er fragt: „Wer hat mich angefaßt?" Jesu Freunde antworten: „In diesem großen Gedränge stößt doch jeder andere an. Warum fragst du denn: Wer hat mich angefaßt?" Jesus aber sagt: „Ich habe gespürt, daß eine Kraft von mir ausgegangen ist." Er blickt um sich und sieht vor sich eine Frau, die sich schnell vor ihm auf die Knie wirft. Ihr Gesicht ist voller Angst. Sie zittert und ruft: „Jesus, ich habe mich von hinten an deinem Rock festgehalten. Schon zwölf Jahre bin ich krank. Ich habe all mein Geld für Ärzte gebraucht. Keiner konnte mir helfen. Aber ich wußte: Du kannst helfen. Als ich dich anfaßte, fühlte ich, daß ich gesund wurde. Sei mir nicht böse, daß ich mich von hinten an dich herangemacht habe." Jesus sieht sie an und sagt: „Du hast an mich geglaubt. Darum bist du gesund geworden! Du wirst gesund bleiben und ein gutes Leben haben."

Alle rundum staunen. Sie sagen es weiter. Viele drängen sich zu Jesus. Sie wollen die Frau von nahe sehen und sie ausfragen. Jairus aber ist ungeduldig. Er denkt nur an sein krankes Kind. Denn sie kommen kaum vom Fleck.

Und während Jesus noch mit der Frau spricht, tauchen die beiden Diener des Jairus wieder auf. Sie winken. „Dein Kind ist gestorben", hört man sie rufen. Alle erschrecken. Es wird still. Jetzt macht man Jesus und Jairus Platz. Und die Diener sagen: „Was soll der Prediger jetzt noch helfen? Tot ist tot. Da ist nichts zu ändern." Jesus aber läßt sich von den beiden Dienern nicht beeindrucken. Er schaut den verzweifelten Vorsteher der Synagoge an. Viele rundum hören ihn: „Jairus, fürchte dich nicht. Glaube nur."

Zusammen gehen sie zum Haus des Mannes. Nur drei seiner Freunde will Jesus dabeihaben: Petrus, Johannes und Jakobus. Die andern schickt er fort. Beim Eingang des Hauses von Jairus hören sie, daß Klagelieder gesungen werden; eine leise Flötenmusik ertönt dazu; die Knechte und Mägde des Hauses, auch die Nachbarn klatschen zu den Liedern im Takt leicht in die Hände; einige spielen auf kleinen Handpauken. Das Haus ist voller Menschen. Alle weinen.

Jetzt tritt Jesus ins Haus. „Was macht ihr Lärm? Was weint ihr?" fragt er. „Das Kind ist nicht tot, sondern es schläft." Da lachen einige. „Meinst du, wir können lebend und tot nicht unterscheiden?" spotten sie. Doch Jesus schickt alle hinaus. Nur die Eltern des Kindes und seine drei Freunde nimmt er mit in das Zimmer, in dem das tote Kind liegt. Er faßt die Hand des Mädchens. Jesus sagt: „Talitha kumi!" – das heißt: „Mädchen, ich sage dir, steh auf!" Da wird das Mädchen wach. Es steht auf und geht umher.

Die Eltern des Kindes, aber auch Jesu Freunde, staunen. „Du hast uns in größter Not geholfen, Jesus", sagt Jairus. „Du machst möglich, was unmöglich ist", fügt die Mutter des Kindes hinzu.

Jesus aber sagt: „Gebt dem Mädchen zu essen! Und erzählt nicht weiter, was jetzt geschehen ist. Niemand soll es erfahren."

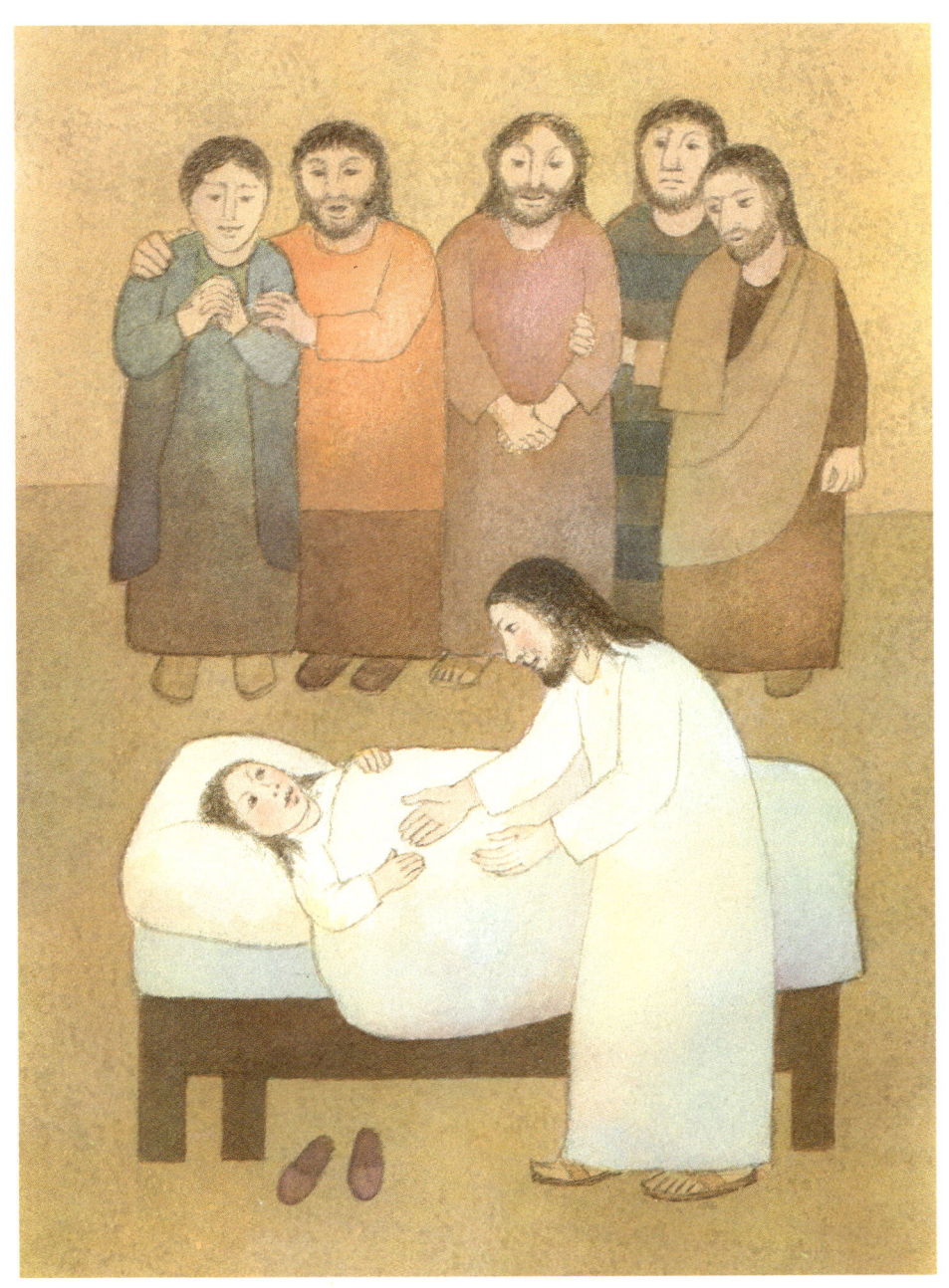

Jairus staunt noch mehr. Er fragt leise: „Wer bist du, Jesus, daß du solches tun kannst? Und – Jesus, warum soll dies ein Geheimnis bleiben? Ich verstehe dich nicht. Doch ich weiß: Jesus, du bist stärker als der Tod."

Jesus aber verläßt das Haus des Jairus. Er zieht mit seinen Schülern weiter. Von Kapernaum zieht er hinauf in die Berge, nach Nazareth, in den Ort, in dem er aufgewachsen ist.

Für Jairus und seine Frau hat an diesem Tag ein neues Leben begonnen.

Zu Jesu Familie gehören
Martha und Maria

Immer wieder erzählen sie im Städtchen vom Rabbi Jesus und seinen zwölf Freunden. „Susanna kennt ihn; Susanna zahlt für ihn, immer wieder", hört Martha die Frauen auf dem Markt zueinander sagen. „Kann sie nichts Besseres tun mit ihrem Geld als diesen merkwürdigen Prediger zu unterstützen?" sagen die Männer; es sind Bauern, Händler, Handwerker. Sie tun ihre Arbeit, jeden Tag. Manche lachen über die reiche Susanna, eine Witwe. Einige sagen: „Laßt sie doch machen mit ihrem Geld, was sie will. Sie hat ja keine Kinder, für die sie sorgen muß. Laßt ihr doch die Freude an diesen Jesusleuten."

Martha möchte mehr wissen über diese Jesusleute. Sie hat gehört, der Rabbi habe Dämonen ausgetrieben. Er erzähle von Gott. Sie möchte Susanna selbst fragen. Soll sie einfach zu ihr gehen? Sie weiß, wo sie wohnt. Immer wieder, wenn Martha oder Maria vom Dorf ins Städtchen kommen, gehen sie am Haus der Susanna vorbei. Es ist ein vornehmes Haus. Im Hof blühen Blumen in großen Tontöpfen. Susanna hat Dienerinnen und Diener.

Eines Tages sieht Martha Susanna im Hof stehen, nahe beim Eingang. Ja, das muß sie sein. Martha nimmt allen Mut zusammen. Sie spricht die vornehme Frau an. Sie fragt nach den Jesusleuten. Da leuchtet es in Susannas Gesicht. Und sie beginnt von Jesus zu erzählen. „Ja, auch mich hat er gesund gemacht", sagt sie leise. „Und auch seine Jünger ziehen durchs Land. Sie heilen. Sie sind arm. So will es Jesus. Nicht einmal eine Tasche dürfen sie bei sich haben, auch kein Brot und kein Geld. Keiner hat ein Kleid zum Wechseln. Aber sie werden überall freundlich aufgenommen. ‚Der Friede Gottes sei in diesem Haus‘, sagen sie, wenn sie eintreten. Man gibt ihnen zu essen. Auch in die kleinsten Dörfer werden sie von Jesus geschickt. Überall findet Jesus Freunde.“

„Kommen sie auch nach Bethanien, kommen sie auch zu uns?“ fragt Martha. „Ich will ihnen gerne zu essen geben. Ich will ihre Kleider waschen, bevor sie weiterziehen. Am liebsten möchte ich Jesus selbst sehen. Und ich weiß: Auch meine Schwester Maria, die bei mir wohnt, möchte mehr wissen von Jesus.“ Susanna freut sich. „Ich werde es den Jesusleuten weitersagen. Ihr werdet froh sein, wenn Jesus oder seine Schüler kommen. Du wirst sehen: Es macht nichts, wenn man euch deswegen auslacht. Wenn Jesus zu euch kommt, wird euer Leben ganz neu.“

Nachdem sich Martha schon verabschiedet hat, wendet sie sich nochmals um und eilt über den Hof zurück zu Susanna. „Aber Susanna, hör, wir sind einfache Leute. Wir haben keine Diener und Dienerinnen wie du. Ich weiß nicht, ob wir Jesus würdig bei uns empfangen können.“ Susanna lacht. „Mach dir keine Sorgen, Martha, Jesus und seine Freunde brauchen keine vornehme Bedienung. Darauf kommt es nicht an. Jesus spricht vom Reich Gottes, immer wieder. Das ist die Hauptsache. Das Reich Gottes ist hier, es ist ganz nahe. Und wenn Jesus zu uns kommt, dann ist alles plötzlich anders als sonst. Ich glaube, Gott selbst ist dann ganz nahe bei uns.“

Bei den letzten Sätzen hat Susanna nicht mehr gelacht. Sie hat Martha an ihrem Ärmel festgehalten und ihr fest ins Gesicht geschaut. „Martha, du und deine Schwester – ich hoffe, ihr werdet auch zu Jesu Familie gehören. Ich meine nicht, daß ihr verwandt seid mit Jesus. Denn nicht seine Schwestern und Brüder sind seine Verwandten, sondern alle, die auf ihn hören und zu ihm gehören wollen."

Martha eilt zurück nach Bethanien. Sie will ihrer Schwester Maria alles erzählen, was sie von Susanna gehört hat. Ja, auch in Bethanien gibt es Kranke, die kein Arzt heilen kann. Jesus wird seine Jünger auch in ihr Dorf schicken. Vielleicht kommt er selbst?

Heute war ein heißer Sommertag. In der Mittagszeit konnte niemand arbeiten. Auch die Tiere haben sich die schattigsten Plätze gesucht; die Katze hat sich auf dem kühlen Steinboden hinter dem Herd ausgestreckt. Aber langsam wird es jetzt kühler. Die Sonnenstrahlen fallen schräg in den kleinen Hof. Ein angenehmer Wind scheint am späten Nachmittag alle aufzuwecken. Martha fegt wie jeden Tag zuerst ihren Wohnraum, der gleichzeitig Küche ist; dann putzt sie auch den Hof, der durch eine große Tür, die immer offensteht, mit dem Haus verbunden ist. Maria mahlt in einer schattigen Ecke das tägliche Gerstenmehl; sie kniet vor der kleinen Steinmühle. Mit einem glatten, flachen Stein in der Hand fährt sie in der großen Steinschale rundum, immer im Kreis, daß die Körner knisternd platzen. Das regelmäßige Reiben der Mühle, das Kratzen des großen Besens sind die einzigen Geräusche, die man hört.

Erst allmählich scheint es auf der Straße vor dem Hoftor lebendig zu werden. Man hört Männer, die ihre Esel antreiben; man hört, daß Kinder auf der Gasse spielen und lachen. — Martha und Maria tragen gemeinsam den Holzkorb zum Herd. Bald werden sie das Feuer im Herd anzünden.

„Hat jemand an unser Hoftor geklopft?" Maria schaut ihre Schwester an. „Hast du es nicht gehört?" Sie lauschen. Jetzt hören es beide deutlich. Wer kann das sein? Sie haben keine Gäste eingeladen. Und ihr Bruder klopft nie an; er öffnet die Tür selbst – und er ruft den Schwestern einen lauten Gruß zu, wenn er eintritt.

Abermals klopft es. Zusammen gehen die Schwestern zum Tor und öffnen. Fremde Männer stehen vor ihnen. Sie scheinen trotz der Hitze eine lange Reise hinter sich zu haben. Ihre Füße sind staubig. Ihre Köpfe sind umhüllt von weißen Tüchern, die vor der Sonne schützen sollen. „Der Friede Gottes sei in eurem Haus! Ihr seid doch Martha und Maria? Ich soll euch von Susanna grüßen. Darf ich euer Gast sein?" fragt der vorderste der Männer. „Du bist Jesus!" sagen die beiden Schwestern. Sie verneigen sich. Jesus aber schickt seine Freunde weiter in die kleine Stadt. „Ich werde euch folgen. Heute will ich bei diesen Frauen bleiben."

Martha und Maria sind voller Freude. Aber sie sind auch etwas unsicher. Wie spricht man mit einem Prediger? Mit einem, der auch Kranke heilt? Zuerst bringen sie kühles Wasser, damit er sich erfrischen und seine staubigen Hände und Füße waschen kann.

Sicher ist Jesus hungrig. Martha weiß, was sie jetzt zu tun hat. In Eile macht sie Feuer. Schnell holt sie das frisch gemahlene Mehl und knetet Teig für die Brotfladen. Auf dem Herd kochen bald zwei Gerichte, die herrlich duften. Martha macht sich viel Arbeit und eilt hin und her: vom Wohnraum in den Kräutergarten, vom Backofen zur Mühle im Hof und wieder zurück.

Maria aber setzt sich zu Jesus. Sie schaut Jesus an und hört ihm sehr genau zu. Sie sitzt zu Jesu Füßen. „Herr, ich höre auf dich."

Martha ärgert sich. Sie ärgert sich immer mehr, während

sie die Hausarbeit verrichtet. Könnte ihr die Schwester nicht helfen? Ist es nicht Ehrensache, sich für einen Gast wie Jesus Mühe zu geben?

Martha stellt sich vor Jesus und sagt: „Herr, siehst du nicht, daß Maria mich alle Hausarbeit alleine machen läßt? Sie könnte wirklich auch etwas tun. Sag ihr doch, daß sie mir helfen soll." Doch Jesus antwortet: „Martha, du machst dir Sorgen und bist voller Unruhe. Du gibst dir große Mühe als Gastgeberin. Doch dies alles ist jetzt nicht die Hauptsache. Nur weniges ist notwendig. Maria hat es gespürt; sie tut das Richtige – sie hört mir zu. Laß sie weiter zuhören."

Martha staunt. Auch sie setzt sich zu Jesu Füßen. Sie erinnert sich an Susanna. Er spricht vom Reich Gottes, das ist die Hauptsache, hat Susanna damals gesagt. Und: Gott ist dann ganz nahe bei uns. Daran denkt Martha, als auch sie sich zu Jesu Füßen setzt und ganz still wird.

Nachher sagt sie zu sich selbst: „Ja, unser Leben wird neu, wenn wir ruhig sind und auf Jesus hören."

Martha und Maria gehören jetzt auch zu Jesu Freundinnen. Er kommt später wieder zu ihnen.

Nachdem aber Jesus mit seinen Schülern weitergezogen ist, besucht Martha die reiche Susanna im Städtchen. Sie hat keine Scheu mehr, das vornehme Haus zu betreten. Auch vor den Dienerinnen und Dienern fürchtet sie sich nicht mehr. Martha ruft ihrer Freundin zu: „Der Friede Gottes sei in deinem Haus, Susanna! Hör zu! Jesus war auch bei uns. Ich weiß: Auch wir gehören jetzt zu seiner Familie."

Ist Lydia wirklich für alles zu klein?
Die Kindersegnung

Wie jeden Morgen wird Lydia durch das regelmäßige Reibegeräusch, das vom Hof her bis zu ihrer Schlafmatte dringt, geweckt. Auch das Singen der Mutter ist zu hören, dann die Stimmen der beiden großen Schwestern; sie unterbrechen das Lied der Mutter, sie fragen. Vielleicht bringen sie der Mutter die Weizenkörner und stellen sie neben die Mühle? Vielleicht schütteln sie das fertige Mehl durchs Sieb. Lydia versucht, die verschiedenen Geräusche zu unterscheiden. Das Reiben geht weiter. Lydia weiß: Das Mehl fürs Brot muß gemahlen werden, wie jeden Morgen.

Schnell springt sie auf. Sie ärgert sich. Schon wieder ist sie die letzte, die aufwacht. „Schlaf nur weiter, du bist noch klein", sagt die Mutter immer, wenn sie selbst aufsteht und Lydia die Augen kaum öffnet.

Aber eigentlich möchte Lydia nicht immer die Kleine sein. Sie zieht schnell ihr alltägliches Gewand über. Schon steht sie neben der Mutter und den Schwestern bei der Mühle im Hof. Sie hat sich nicht einmal gewaschen. Aber die Mutter hat nichts gemerkt. „Ich will auch helfen", sagt sie laut und ist froh, daß sie eine Tonschüssel mit Mehl zur Kochstelle tragen darf. Jetzt mischt die Mutter das Mehl mit Salz und Wasser; sie fügt den Sauerteig, der auf dem Wandbord bereitsteht, bei und beginnt zu kneten. Lydia hört und sieht, wie der Teig zwischen den Fingern der Mutter durchgequetscht wird; sie sieht, wie sich die Armmuskeln spannen und bewegen; die Ärmel hat die Mutter nach hinten geschoben. „Ich möchte auch", sagt Lydia zuerst laut, dann immer leiser. Es ist hoffnungslos. Die Mutter sagt gereizt: „Aber schau doch deine kleinen Finger an, Lydia." Dann seufzt sie nur noch. Schließlich ruht sie aus und läßt das älteste Mädchen weiterkneten.

Lydia ist traurig. Immer bin ich zu klein, denkt sie. Sie weiß schon: Nachher beim Formen der Brotfladen, beim Feuermachen, beim Backen werden sie wieder sagen: Du bist zu klein.

Lydia holt unter ihrer Schlafmatte ihr Säckchen mit den Glaskugeln – sie sind ihr geheimer Schatz. Der Großvater hat sie von Ägypten mitgebracht. Sie schleicht hinaus auf die Gasse. Sie setzt sich auf die Pflastersteine, sie lehnt sich an die Hofmauer und legt die bunten Kugeln vor sich in einen Kreis, dann in eine Reihe. Dann steht sie auf, läßt die Glaskugeln hüpfen und rollen. Immer wieder bleiben sie in den Rillen zwischen den buckligen Pflastersteinen liegen. Wenn zwei zusammenstoßen, klingelt es – das macht Spaß. Manchmal lacht Lydia. Dann aber fällt ihr wieder der Teig ein, das Brot, die Mutter und die Schwestern. Zornig schlägt sie zwei Kugeln zusammen und sagt vor sich hin: „Ich bin gar nicht mehr so klein."

Plötzlich hört Lydia Stimmen, immer näher. Viele Stimmen sind es. Wer mag das sein? Es sind Kinderstimmen! Schon biegen zwei Jungen um die Ecke. „Markus, was ist los? Warum trägst du dein schönes Sabbatkleid? He, Markus, antworte doch!" Sie will Markus an seinem feinen weißen Rock, in den kunstvoll rote Streifen eingewebt sind, festhalten. Doch Markus schüttelt sich los. Er will nicht stehenbleiben, keinen Augenblick. Er rennt weiter. „Komm doch mit", ruft er und ist schon um die nächste Ecke der Gasse verschwunden.

Auch die andern Kinder und die Mütter, die hinter Markus kommen, wollen nicht stehenbleiben. Lydia hüpft neben ihnen her. „Was ist eigentlich los? Wohin geht ihr? Was macht ihr?" Niemand hat Zeit, auf Lydias Fragen zu antworten.

Rahel ist eine Frau, die nicht so schnell geht wie die andern, da sie ihren kleinen Jungen auf dem Arm trägt. Lydia kennt sie. Sie bleibt in ihrer Nähe. Als Rahel das Kind abstellt, um etwas auszuruhen, wiederholt Lydia ihre Frage: „Wohin geht ihr?" Und die Frau antwortet: „Zu Jesus." Und als Lydia darauf nur mit den Schultern zuckt, fragt Rahel: „Hast du noch nie von diesem Jesus gehört?" Lydia schüttelt den Kopf. Da erzählt Rahel: „Jesus hat Kranke gesund gemacht. Er hat gemacht, daß der blinde Bartimäus wieder sehen konnte. Die Schwiegermutter des Simon hat er von ihrem heftigen Fieber geheilt." Und beim nächsten Mal, da sie das Kindlein abstellt, fährt Rahel fort: „Jesus erzählt auch Geschichten. Jesus weiß alles über Gott. Und er will allen Menschen helfen."

Lydia hat gut zugehört. „Ich komme mit zu diesem Jesus", antwortet sie dann sehr laut. Sie freut sich. Wie sieht er wohl aus, dieser Mann? „Jesus, Jesus", Lydia sagt den Namen mehrmals vor sich hin, um ihn nicht zu vergessen. Sie hat Herzklopfen vor Aufregung. Sie hat auch Herzklopfen von ihrem schlechten Gewissen; denn sie ist von zu Hause weggelaufen, ohne die Mutter zu fragen. Doch dann beruhigt Lydia ihr schlechtes Gewissen wieder. Sie sagt sich: Die Mutter hat ja doch so viel Arbeit mit ihrem Brot. Sie ist nur froh, wenn ich aus dem Weg bin. Zum Helfen bin ich ja doch zu klein!

Plötzlich schaut Lydia an sich hinunter. Sie hat ihr einfaches blaues Kittelchen an; es ist voller Flecken. Lydias Füße sind staubig; ihre Hände sind klebrig. Sie schämt sich. Alle andern haben sich schön gemacht. Sicher sollte man für Jesus festlich gekleidet und gewaschen sein. Sie hätte doch zu Hause auch ein Festkleid. Die Großmutter hat es gewoben. Ein Purpurkleid wie Rahel, die Mutter des Kindleins, neben der sie immer noch hertrippelt. Auch Lydias Haare sind ganz unordentlich. So schnell ist alles gegangen heute früh. Nach dem Backen hätte die Mutter Lydias Haare gekämmt – sie hätte ihr besonders schöne Zöpfe geflochten wie am Sabbat. Wenn sie gewußt hätte ...

Der Zug von Frauen und Kindern, zu dem Lydia jetzt auch gehört, ist am Rande der Stadt angelangt. Unter einem Baum auf einem kleinen Hügel sehen sie eine ganze Gruppe von Männern versammelt. „Da ist sicher Jesus!" rufen die Kinder. Markus und Lydia beginnen zu rennen. Alle andern Kinder laufen mit. Nur die ganz kleinen bleiben bei ihren Müttern. Die Frauen sagen zueinander: „Wir möchten, daß Jesus unsere Kinder berührt. Wir möchten, daß er seine Hand auf ihren Kopf legt. Vielleicht geht dann die wunderbare Kraft von Jesus auch in unsere Kinder. Sie gehören dann auch zu Gott." Die Frauen freuen sich und folgen ihren Kindern.

Aber da treten ihnen zwei Männer entgegen. „Das sind Simon und sein Bruder Andreas", sagt Rahel zu Lydia. „Ich kenne diese Männer. Sie gehören zu den Freunden Jesu. Sie sind seine Jünger. Schon seit einem halben Jahr ziehen sie mit ihm durchs Land. Sie folgen ihm nach."

Simon und Andreas sehen, daß die Frauen und Kinder zu ihrem Herrn wollen. Das gefällt ihnen nicht. „Die Kinder sind zu klein", sagen sie. „Sie können nicht verstehen, was Jesus sagt. Sie sind hier im Weg und stören. Geht nach Hause." Wie die Frauen aber stehenbleiben und die Kinder weiter nach vorn drängen, werden die Jünger ungeduldig. Sie breiten ihre Arme aus, um die Kinder aufzuhalten.

„Könnt ihr Mütter nicht besser aufpassen auf eure Kinder? Die Predigten Jesu sind wirklich zu schwierig für die Kleinen. Außerdem hat Jesus keine Zeit für sie. Er hat genug zu tun mit den Erwachsenen."

Die Frauen und Kinder schauen sich erschrocken an und werden unsicher. Sie haben sich alle so auf Jesus gefreut. Und jetzt sollen sie einfach wieder umkehren?

Doch Jesus, der bis jetzt hinter den andern Männern versteckt war, hat sie gesehen. Er ist nähergekommen. Er hat zugehört und weiß, daß sie zu ihm kommen wollen. Jesus tritt zwischen Simon und Andreas. Er schaut erst nach rechts, dann nach links ins Gesicht seiner Freunde. Sie spüren: Er ist nicht einverstanden mit ihrem Eifer; sie hätten die Frauen und Kinder nicht wegschicken sollen. Langsam machen die beiden Jünger einige Schritte rückwärts, während Jesus zu ihnen sagt: „Habt ihr es nicht gemerkt? Ich will allen helfen! Auch die Kinder gehören zu mir! Steht ihnen nicht im Weg. Laßt doch die Kinder zu mir kommen; ich freue mich über sie."

Die Jünger haben ihre ausgebreiteten Arme längst sinken lassen. Jesus geht zurück zum großen Baum. Er lehnt sich an den Stamm. Er setzt sich. Ja, er ist wirklich müde, denkt Lydia. Sie kann Jesus jetzt gut sehen; denn sie hat sich mit Markus ganz nach vorne gedrängt. Sie setzt sich vor Jesus ins Gras. Sie will genau zuhören, was er erzählt. Sie will auch sein Gesicht ansehen. Jesus legt freundlich seine Hand auf Lydias Kopf. Sie ist glücklich. Sie hat vergessen, daß ihre Haare schmutzig sind, ihr Zopf nicht geflochten, ihre Hände klebrig. Sie weiß sofort: Für Jesus bin ich gut genug. Er hat mich gern.

Jesus drückt die Kinder an sich. Er umarmt und streichelt sie. Die allerkleinsten nimmt er auf den Arm. Sie lachen und keines hat Angst. Markus und ein anderer Junge setzen sich dicht neben Jesus, um alles zu hören, was er erzählt. Rahel flüstert einer andern Frau zu, die hinter Lydia steht: „Siehst du: Jesus segnet unsere Kinder. Jetzt gehören sie zu ihm; der Segen Jesu schützt sie für ihr ganzes Leben."

Die Jünger können dies zuerst gar nicht verstehen. Sie schütteln den Kopf. Einer lacht sogar. Und sie flüstern miteinander: „Mit diesen kleinen Kindern beschäftigt sich Jesus! Die können ja gar nicht verstehen, was er sagt! Sie verstehen noch nichts von Gott!" Jesus aber sagt laut, als ob er die Jünger gehört hätte: „Gott ist für alle Menschen da, auch für die Kinder, für die allerkleinsten sogar. Gott liebt die Ärmsten und die Schwächsten besonders. Ihnen gehört das Gottesreich." Immer noch schauen die Jünger Jesus ungläubig an. Und Jesus fügt hinzu: „Öffnet eure leeren Hände. Seht, ihr seid doch alle arm. Nur als Arme oder als Kleine wie diese Kinder könnt ihr das Gottesreich annehmen. Öffnet euch dem Gottesreich, nur so könnt ihr hineinkommen."

Jesus unterhält sich mit seinen Jüngern und mit den Gesetzeslehrern, den Pharisäern. Auch sie sind aus dem Städtchen hierher gekommen und hören zu.
Die Menschen hinter Lydia flüstern weiter. „Ins Gottesreich kommen – was heißt das wohl?" fragt eine Frau. „Das Gottesreich – ist es bei Jesus?" fragt eine andere. „Wer ist überhaupt dieser Jesus?" fügt eine dritte hinzu. „Schaut, dort sind die Pharisäer, sie mögen Jesus nicht." Doch bald sind alle wieder ganz ruhig. Jetzt redet Jesus. Auch die Kinder, die nicht alles verstehen, sind still.

Lydia hört gut zu. Sie merkt: Jesus erzählt von einem Schaf, von einem kleinen Schäfchen, das davongelaufen ist. Auch Lydias Vater hat Schafe. Das kleinste Schäfchen gehört ihr. Die Geschichte, die Jesus jetzt erzählt, kann sie darum gut verstehen: „Ein Hirt hat hundert Schafe. Eines

ist verlorengegangen. Es ist weggelaufen und hat sich verirrt. Der Hirt läßt alle andern 99 Schafe allein in der Wüste. Er sucht das kleine verlorene Schaf, bis er es findet. Und als er es findet, trägt er das müde und ängstliche Schäfchen heim. Er legt es auf seine Schultern. Und er freut sich. Er freut sich so, daß er beim Heimkommen lacht und seinen Freunden und Nachbarn zuruft: Ich habe mein kleines Schaf wiedergefunden. Ich bin glücklich. Kommt, feiert mit mir ein Fest! So freut sich Gott, wenn ihr bei ihm seid. Gott ist wie ein guter Hirte. Und er ist wie eine liebe Mutter, die ihr Kind auf dem Arm trägt."

Alle hören zu. Und sie werden froh. Lydia schaut die beiden Pharisäer an, die nahe bei ihr stehen. „Sind nicht die Gesetze das Wichtigste? Das Schaf in der Geschichte hat sich nicht an die Gesetze gehalten. Es ist einfach weggelaufen", sagt einer von ihnen. „Seid still, mir hat die Geschichte gefallen", sagt eine der Mütter sehr bestimmt. „Ist nicht auch Jesus wie ein guter Hirte, zu dem wir alle kommen dürfen?"

Plötzlich kommt eine Frau mit zwei Mädchen angerannt. Sie schaut sich um. Auf den Zehenspitzen stehend entdeckt sie Lydia. Sie will sich durch die Menschen drängen. Sie beginnt zu schimpfen. Aber schnell hält jemand sie am Arm fest und zeigt auf Jesus. Da wird auch sie still und stellt sich in den Kreis. Ihre großen Töchter setzen sich ins Gras. Auch sie hören zu. Lydia aber hat ihre Mutter und die beiden Schwestern nicht bemerkt. Sie schaut nur auf Jesus.

Als es dunkel wird, nimmt die Mutter Lydia an der Hand. Das Kind erschrickt. „Hast du mich gesucht, Mutter?" Lydia hat ein schlechtes Gewissen. Doch die Mutter scheint nicht böse zu sein. „Ist der Teig fertig geknetet?" fragt Lydia. Und die Mutter lacht: „Sogar das Brot ist schon gebacken, mein Kind. Komm, sicher hast du Hunger." Es ist für Lydia plötzlich nicht mehr so wichtig, daß sie beim Kneten und Backen nicht dabeisein durfte. Sie denkt: Für Jesus und für Gott bin ich nicht zu klein. Alle dürfen zu Jesus kommen. Die Jünger haben nicht recht gehabt, als sie uns wegschicken wollten.

Und Lydia versucht, ihrer Familie alles zu erzählen, was sie erlebt hat. Sie ist stolz und froh.

Dina sucht Jesus
Erlebnisse am Teich Bethesda

Gelangweilt stehen die beiden römischen Soldaten im Schaftor von Jerusalem. Es ist Sabbat – es ist viel ruhiger als an andern Tagen. Nur selten halten die Soldaten einen fremdländisch aussehenden Menschen an, oder sie vertreiben Bettler, die sich ins Tor setzen wollen. „Weg da! Hier muß der Platz frei sein. Ihr seid im Weg!"

Zur Mittagszeit ist es so ruhig, daß die Wächter im Schatten des Torbogens ein Würfelspiel spielen. Dabei schlafen sie in der Hitze ein.

„He, wach auf, ich will dich etwas fragen." Einer wird an der Schulter gerüttelt. „Ich will euch etwas fragen. Es eilt. Hört zu!" Eine junge Frau steht vor den Soldaten. Sie fragt laut und aufgeregt: „Wo ist der Teich, den sie Bethesda nennen? Der Teich mit den fünf Hallen. Schnell, sagt's mir. Ihr müßt es ja wissen!" Die Soldaten zeigen nach rechts. Sie schütteln den Kopf, während die Frau losrennt. Was will eine junge gesunde Frau dort? Dort, bei den vielen Kranken? Oder ist mit dem Kind etwas los? Mit dem Kind, das sie auf ihrem Rücken trägt? Bald vergessen die Wächter die Frau. Sie ziehen sich wieder in den Schatten zurück. Sie setzen ihr Würfelspiel fort.

Die junge Frau aber ist schnell bei der ersten Säulenhalle des Teiches angelangt. Kaum ist sie zwischen die Säulen getreten, ruft sie laut: „Helft mir, mein Kind ist krank! Helft doch!" Sie lauscht. Sie wartet. Sie hört das Plätschern des

Wassers. Sie hört ein Stöhnen. „Hilft mir niemand?" Ihre Stimme klingt verzweifelt. „Ich dachte, hier kann man gesund werden. Ich möchte, daß mein Kind gesund wird! Was soll ich denn tun?"

Die vielen Menschen, die ohne Schuhe in der Eingangshalle ein- und ausgehen, kümmern sich nicht um sie. Niemand antwortet. Sie lauscht wieder. Ja, das Wasser plätschert. Sie geht dem Geräusch nach. So kommt sie zur inneren Säulenhalle. Hier, zwischen den beiden Teilen des Teichs, liegen viele Kranke: Blinde und Lahme, Menschen mit offenen Wunden, Menschen auch, die so dünn sind, daß man alle Knochen sehen kann. Alle Kranken sind ruhig. Sie scheinen zu warten. Nur selten stöhnt einer oder dreht sich auf die andere Seite.

„Worauf wartet ihr eigentlich?" fragt die Frau. Sie steht mitten zwischen den Kranken. Sie tritt ungeduldig von einem Fuß auf den andern und schaukelt dabei das Kind hin und her. „Wir warten auf den Engel, der das Wasser bewegt", sagt eine Greisin in der Nähe. Sie scheint blind zu sein. „Ach was, es ist kein Engel. Es ist die Quelle, die manchmal stärker fließt und das Wasser sprudeln läßt", entgegnet eine jüngere Frau, die sich offenbar um die Blinde kümmert.

Die Mutter mit dem Kind ist unschlüssig. Wo wird man hier gesund? Sie hat von dem Wunderwasser gehört. Sie hat einen weiten Weg zurückgelegt. Sie hat Angst vor der großen fremden Stadt Jerusalem. Erschöpft setzt sie sich an einer freien Stelle auf den Boden. Sie muß ausruhen. Liebevoll streichelt sie ihr krankes Kind und schließt die Augen.

Als sie die Augen wieder öffnet, sieht sie neben sich einen Mann liegen. Er schaut sie an. Er grüßt freundlich. Sie nickt ihm zu. „Ich bin Dina", sagt sie. Sie sieht: Er ist gelähmt. Seine Beine liegen vor ihm wie ein Paket. In Lum-

75

pen gehüllt. Der Mann erzählt: „Manchmal bewegt sich das Wasser in diesem Becken. Woher die Bewegung kommt, weiß niemand sicher. Ja, manche sagen, ein Engel komme – ich habe noch nie einen gesehen. Aber ich habe gesehen, daß immer der erste, der nach der Bewegung des Wassers in den Teich steigt, gesund wird." Jetzt versteht die junge Frau, weshalb alle Menschen in der Halle so gierig, aber auch traurig auf das ruhige Wasser starren. Alle warten auf die Bewegung. Alle haben Angst, zu spät zu kommen.

„Wie lange wartest du schon?" fragt Dina den gelähmten Mann. „38 Jahre", antwortet er leise und schaut auf die andere Seite, als ob er sich schämte. Die Frau zuckt zusammen. „38 Jahre? Aber mein Kindlein muß ganz schnell gesund werden, heute noch oder morgen – sonst stirbt es." Dina schluckt. Und das Kindlein wimmert. Es hat eine schwache Stimme.

Plötzlich tritt von der äußeren Säulenhalle her ein fremder gesunder Mann mitten unter die Kranken. Er sieht aus wie ein Wanderprediger; er hat seinen Reisemantel über die Schultern geworfen. Im Hintergrund, nahe beim Eingang, wartet eine ganze Gruppe junger Männer. Sie scheinen die Schüler des Predigers zu sein. Ihr Meister aber predigt nicht. Er wendet sich an den gelähmten Mann, der neben Dina halb sitzt, halb liegt. Er fragt den Kranken, der schon 38 Jahre wartet: „Willst du gesund werden?" Der Mann antwortet: „Natürlich will ich gesund werden. Aber ich habe niemanden, der mich zum Wasser trägt, wenn es sich bewegt. Bis ich mich mit meinen lahmen Beinen zum Teich geschleppt habe, ist immer schon ein anderer da." Da sagt der fremde Mann zum Gelähmten: „Steh auf, hebe dein Bett auf und geh umher!"

Der Lahme schaut zuerst ungläubig auf. Dann versucht er es. Langsam stemmt er sich empor. Ganz vorsichtig steht er

auf. Seine schwachen Beine tragen ihn. Er lacht. Er lacht wie ein kleines Kind. Er rollt seine schwere Strohmatte zusammen. Vor Aufregung kann er gar nicht sprechen. Er tritt von einem Bein aufs andere. Ja, er spürt Leben in seinen Beinen. Er versucht zu tanzen, in ganz winzigen Schritten, zu einer leisen Musik, die von der Straße in die Säulenhalle dringt.

„Du bist gesund", sagt Dina in großem Erstaunen. „Wer hat dich gesund gemacht? Kennst du den Mann?" Der Mann aber, der den Gelähmten geheilt hat, ist bereits in der Menschenmenge verschwunden. Niemand kennt seinen Namen. Dina möchte wissen, wer er ist. Sie möchte zu ihm gehen. Vielleicht hat er mehr Kraft als das Heilwasser im Teich? Vielleicht kann er auch ihrem Kind helfen?

Die andern Kranken rundum, auch die Menschen auf der Straße wollen den Geheilten anhalten. Sie sehen ihn mißtrauisch an. Sie flüstern: „Er hält sich nicht an unser Gesetz." Und sie rufen ihm zu: „Weißt du nicht, daß heute Sabbat ist? Am Sabbat ist es nicht erlaubt, das Bett aufzuheben und herumzutragen!" Und ein etwa zwölfjähriger Junge, der im Eingang eines Hauses sitzt, steht auf, stellt sich dem Mann in den Weg und sagt mit monotoner, aber klarer Stimme: „Es ist verboten, am Sabbat Feuer anzuzünden. Es ist verboten, zu pflügen und zu ernten. Es ist verboten, zu kochen und zu backen. Ja, es ist verboten auszugehen. Vor allem, hörst du: Es ist verboten, Lasten zu tragen." Dina flüstert: „Dieser kleine Angeber. Er will nur zeigen, was er in der Synagoge gelernt hat." Der Vater des Jungen kommt auch aus dem Haus. Andere Männer, die heute zu Hause sind, weil Sabbat ist, treten herzu.

Der Mann, der geheilt wurde, erschrickt. Er wird unsicher. Er sagt: „Der Mann, der mich gesund gemacht hat, hat gesagt: Hebe dein Bett auf und geh umher." Und die

Leute rundum fragen: „Wer ist denn dieser Mensch, der dir das gesagt hat: Hebe dein Bett auf und geh umher?" Jetzt stutzt der Geheilte. Er zuckt mit den Schultern. Er weiß wirklich nichts über den Mann, der ihn geheilt hat. Sah er nicht aus wie ein Prediger? Aber was geht das diese neugierigen Männer am Straßenrand an? Er bahnt sich einen Weg durch die Menschen, die ihn aufhalten wollen. Er sagt ungeduldig und doch bestimmt: „Ich weiß nicht, wer der Mann ist, der mich gesund gemacht hat. Ich kenne ihn nicht. Laßt mich gehen." Die strengen Männer verschwinden wieder in ihren Häusern. Sie murmeln vor sich hin. Sie schütteln den Kopf.

Der Geheilte aber geht auf die Pforte des Tempels zu. Dina mit ihrem kranken Kind geht neben ihm her. „Warst du wirklich lahm, 38 Jahre lang?" fragt sie. Er nickt. Er geht immer schneller. Dina kann ihm nicht mehr folgen. Sie ist erschöpft. Sie verliert den Mann aus den Augen. Sie muß sich an den Straßenrand setzen. Sie beugt sich über ihr jammerndes Kind und weint.

Hat sie geschlafen? Dina schrickt auf. Es dämmert bereits. Doch da! Das bekannte Gesicht! Das ist doch der Geheilte! Schnell springt sie auf. Sie packt den Mann an einem Ärmel. Er trägt noch immer seine Schlafmatte auf der Schulter und läßt sie jetzt beinahe fallen. Die junge Frau fragt flehend: „Weißt du wirklich nichts über den, der dich gesund gemacht hat? Wie heißt er?" Jetzt weiß der Geheilte eine Antwort: „Doch, jetzt kenne ich seinen Namen. Im Tempel ist er auf mich zugekommen. Er hat mit mir geredet. Er heißt Jesus." Dann reißt sich der Mann wieder los. Er ist bald nicht mehr zu sehen.

Die Männer aber sind wieder vor ihre Tore getreten. Sie haben zugehört. Und sie murmeln sich zu: „Jetzt wissen wir es: Er heißt Jesus. Er hat am Sabbat gearbeitet und dem

Gelähmten gesagt, er solle sein Bett tragen. Er ist ein schlechter Mensch. Er sollte bestraft werden. Den dürfen wir nicht aus den Augen verlieren."

Dina aber bleibt nachdenklich stehen. „Diesen Jesus möchte ich finden. Er wird dir helfen, liebes Kind. Atme nur ruhig, bald finden wir ihn, und er wird dich heilen", sagt sie tröstend und sucht den Weg zum Tempel.

Timotheus hört Jesus
Der Schatz im Acker und die kostbare Perle

Die Eltern des Timotheus sind verreist. Nach Griechenland. Immer wieder haben sie von der wunderbaren Stadt Athen geschwärmt. Der Vater hat dort studiert. Auch Timotheus soll einmal nach Griechenland fahren können. Er soll griechische Bücher lesen. Timotheus hat darum einen griechischen Privatlehrer. Aber auch der Lehrer ist heute nicht da. Timotheus ist froh darüber, obwohl er seinen Lehrer mag.

Timotheus steht auf dem flachen Dach der Villa am See Genezareth. Er fühlt sich frei. Irgendwo im Haus hört er eine seiner beiden Schwestern mit Freundinnen lachen. Im Garten unten harkt ein Tagelöhner die Blumenbeete. Vor Timotheus glänzt der See, hinter ihm liegt die Stadt mit ihren engen Gassen und der Synagoge mittendrin. Sie ist höher als alle Wohnhäuser. Timotheus wäre so glücklich – wenn er nur nicht immer lernen müßte!

„Du bist faul!" hat der Vater vor kurzem wieder gesagt. „Laß ihn doch. Du verlangst zuviel von ihm", hat darauf die Mutter entgegnet. „Auch der Rabbi ist zufrieden mit ihm. Und er kennt so viele Geschichten wie kein anderer in seinem Alter." „Ja, Märchen kennt er – aber was nützt das?" hat der Vater gereizt geantwortet. „Er ist ein Träumer. Ja, Timotheus, ein Träumer bist du!"

Aber jetzt, wo die Eltern verreist sind, darf Timotheus träumen. Er darf an Geschichten denken. Er denkt auch an die alten Geschichten von Gott, die er beim Rabbi in der Synagoge lernt.

Wie Timotheus auf den See hinausblickt, dringt plötzlich ein Stimmengewirr zu ihm herauf. Von der andern Seite des flachen Dachs schaut er nach unten. Er beugt sich über das Geländer und sieht, daß auf dem Platz vor der Synagoge Menschen zusammenlaufen. Unter sich hört er die klare Stimme eines Mannes, der dem Tagelöhner, der im Garten arbeitet, zuruft: „He, Aaron, komm doch mit! Jesus ist wieder da!" Aaron lehnt die Hacke an eine Palme, öffnet und schließt das Hoftor und verschwindet mit dem Mann in einer Gasse. Timotheus weiß: Er wird seine Arbeit im Garten trotzdem mit Sorgfalt fertig machen. Aber auch Aaron ist froh, daß sein Herr nicht da ist. Er hätte Angst zu fragen, ob er gehen darf. Er kann ja nicht wissen, was sein Herr über Jesus denkt.

Jesus? Timotheus überlegt. Ist er wieder da, dieser Jesus, von dem ihm Aaron erzählt hat? Noch nie hat Timotheus Jesus selbst gesehen oder gehört. Der Vater hat es ihm nicht erlaubt.

Schnell eilt Timotheus zum Ausgang des Hauses. Auch er öffnet und schließt das Tor leise. Durch kleine Gassen gelangt der Junge schnell zum Platz vor der Synagoge. Dort, auf der Treppe, die zur Säulenhalle führt, steht ein Mann, der predigt. Eine Gruppe von Menschen hört zu. Der Mann muß Jesus sein! Doch Timotheus ist zu weit entfernt. Er versteht den Prediger nicht. Leise drückt er sich durch die vielen Menschen und schleicht näher heran. Er setzt sich schließlich neben Jesus auf eine Treppenstufe.

Da sagt Jesus: „Ich erzähle euch zwei kleine Geschichten. Sie bedeuten dasselbe." Und er erzählt: „Mit dem Reich Gottes ist es wie mit einem verborgenen Schatz in einem Acker. Ein Tagelöhner, der für einzelne Stunden bei einem

Bauern angestellt ist, findet den Schatz beim Pflügen. Der Pflug ist auf etwas Hartes gestoßen, und so hat der Tagelöhner den Schatz entdeckt, ihn aber schnell wieder vergraben. Voller Freude geht er darauf hin und verkauft alles, was er hat: sein Häuschen, seine Weinpresse, seinen kleinen Garten. Für das Geld aber, das er dafür bekommt, kauft er den Acker, in dem der Schatz versteckt ist. Seine Freude ist groß.

Mit dem Reich Gottes ist es auch wie mit einem Kaufmann, der schöne Perlen sucht. Eines Tages findet er eine überaus kostbare Perle. Er hat sie bei einem Händler entdeckt; sie hat einen Glanz und eine Größe, wie er es nie zuvor gesehen hat. Nachdem er aber die kostbare Perle entdeckt hat, geht er hin und verkauft alles, was er hat: die vielen kleineren Perlen, aber auch alle Edelsteine. Voller Freude kauft er für sein ganzes Geld die eine kostbare Perle. Seine Freude ist groß."

Timotheus hat jedes Wort gehört. Die Geschichten gefallen ihm. Jesus gefällt ihm. Der Junge bleibt mit angezogenen Beinen auf der Treppenstufe sitzen. Er möchte wissen, wie die kleinen Geschichten weitergehen. Was hat der Mann mit seinem Schatz gemacht – und der Händler mit der kostbaren Perle? Vermutlich hat er sie später wieder verkauft, wahrscheinlich für viel mehr Geld! Wenn Timotheus die Augen schließt, sieht er die schillernde Perle vor sich, auch die Schatztruhe aus dem Acker. In Gedanken beginnt er, kleine Erdkrusten aus den Rillen des Schatzkastens zu kratzen. In Gedanken öffnet er die Truhe und staunt über die Schmuckstücke und Goldmünzen. Er öffnet die Augen wieder. „Ich dummer Träumer!" Er ärgert sich über sich selbst. Er hätte doch Jesus fragen, mit ihm reden wollen. Aber der Prediger ist mit seinen Schülern bereits verschwunden. In welcher Richtung? Mehrere kleine Gassen führen vom Synagogenplatz weg. Timotheus kann Jesus nicht mehr finden.

Aber da tritt hinter einer der Säulen der Pharisäer Jakob hervor. Auch er hat zugehört. Ob Timotheus ihn fragen soll? Er kennt ihn aus der Synagoge. Die Pharisäer besuchen alle Gottesdienste und kennen die alten Schriften, die Tora, genau. Sie sind fromm.

Da fängt der Pharisäer selbst an zu fragen: „Hat dir die Geschichte gefallen?" Er setzt sich neben Timotheus, dem es dabei etwas ungemütlich wird. Er hat noch nie mit einem Pharisäer gesprochen. Er sagt zögernd: „Ja, sie hat mir gefallen. Diese Schatztruhe! Die wunderbare Perle! Ich möchte mehr darüber wissen. Und ich habe nicht alles verstanden." „Jesus hat vom Gottesreich geredet. Ja, das Gottesreich ist die Hauptsache. Auch wir Pharisäer warten darauf. Wenn das Gottesreich kommt, wird der Messias, ein Nachkomme Davids, vorangehn." Timotheus schaut voller Spannung auf Jakob. Weiß er mehr über das Gottesreich? Weiß er etwas über den Messias? Auch der Junge hat schon von ihm reden hören. Der Pharisäer fährt fort: „Doch dieser Jesus stellt sich das zu einfach vor. Er glaubt, daß man die Gottesherrschaft einfach findet und sich darüber freuen kann wie über einen Schatz oder über eine Perle. Das ist nicht möglich." Jakob schüttelt den Kopf. „Erst müssen wir alle religiösen Vorschriften genau befolgen. Wir müssen die Gesetze, die in der Tora aufgeschrieben sind, auswendig können und nach ihnen leben. Wir müssen den Sabbat besser heilig halten. Vor allem: Wir müssen bessere Menschen werden, damit das Gottesreich kommen kann." „Ist Jesus kein guter Mensch?" unterbricht Timotheus den Pharisäer. „Böse ist er sicher nicht, dieser Mann. Aber unvernünftig und auch merkwürdig. Er ißt zusammen mit Zöllnern, die betrügen; sie sind unrein. Er nimmt es mit dem Fasten, auch mit den Waschungen vor den Gottesdiensten nicht genau. Und den Sabbat soll er auch nicht immer nach den Vorschriften feiern ... Seine Geschichten sind oft seltsam. Und doch: Ich höre ihm gerne zu."

Der Pharisäer steht auf. Er klopft den Staub aus seinem Mantel. Er nickt Timotheus freundlich zu. „Deine Eltern sind wohl verreist?" sagt er. Er verabschiedet sich und verschwindet in einer Gasse. Kennt er mich? fragt sich Timotheus. Er erschrickt ein bißchen. Dennoch genießt er seine Freiheit. Ob er andere Menschen findet, die ihm die Geschichten Jesu besser erklären können?

Ihm fallen Jesu Freunde, die Jünger, ein. Vielleicht trifft er einen? Aber sie sind wohl alle mit Jesus weitergezogen. Zwei von ihnen sollen Fischer sein. Sie haben nicht weit von hier gewohnt. Auch sie haben alles verkauft, was sie besaßen. Sogar ihr neues Schiff. Alles verkauft, wie der Mann, der den Acker kaufte, wie der Perlenhändler. Sie haben aber auch jetzt nichts. Sie sind arm. Sie haben keine Schatztruhe, auch keine Perle. Was haben sie für ihr Geld bekommen?

Timotheus will Aaron fragen. Sicher weiß er mehr über Jesus. Immer wenn jemand den Namen Jesus von Nazareth ausspricht, funkeln Aarons Augen.

Timotheus geht durchs Städtchen nach Hause und findet ihn im Garten. Er hackt wieder das Blumenbeet. Er pfeift ein fröhliches Lied. „Aaron! Aaron!" Timotheus nimmt dem Mann die Hacke aus den Händen, so daß dieser zuerst erschrickt und dann den aufgeregten Jungen anstaunt. „Was ist denn los? Willst du heute das Beet hacken?" „Nein Aaron, nein! Aber ich muß dich etwas fragen. Hilf mir! Du kennst doch diesen Jesus!" Der Gärtner, der gerade mit seiner Arbeit weiterfahren wollte, stockt und wendet den Kopf schnell zu Timotheus. „Ja, Jesus hat mich gesund gemacht.

Er ist zu mir gekommen. Jesus hat mein ganzes Leben verändert." „Warst du krank, Aaron?" „Ja, ich war völlig gelähmt. Ich lag an der Straße und bettelte. Ich wurde gesund, durch Jesus. Ich wurde ein anderer Mensch."

Aaron und Timotheus setzen sich auf die kleine Gartenmauer. Nach einer Pause fährt Aaron fort: „Und jetzt weiß ich es: Das Reich Gottes ist zu uns Menschen gekommen, zuallererst zu den Armen und Kranken. Nicht in die Paläste oder Synagogen. Mit Jesus ist das Gottesreich da. Mitten unter uns." Wieder ist es still. Es ist schön, zusammen mit Aaron still zu sein. Dann sagt der Gärtner: „Ich habe das Reich Gottes nicht gesucht. Und doch habe ich es gefunden, Timotheus. Ja, es ist wie eine herrliche Schatztruhe oder eine kostbare Perle."

Timotheus überlegt und fragt zögernd: „Eine richtige Perle? Kann man sie sehen?" Da lacht der Gärtner. „Du dummer Junge. Das Reich Gottes kann man nicht sehen. Aber man kann sagen: Ich freue mich so sehr darüber wie der Händler über seine überaus kostbare Perle. Und ich spüre es, das Reich Gottes! Wenn Jesus bei mir ist, dann spüre ich Gott ganz nahe."

Im Garten wird es langsam kühl. Timotheus rückt näher zu Aaron. Er greift nach der rauhen Arbeiterhand und schaut auf die kräftigen Beine des Mannes. „Waren sie wirklich lahm, deine Beine?" Aaron nickt.

Während es schnell dunkel wird, hilft Timotheus dem Gärtner, die Hacke und alle andern Geräte ins Haus zu tragen.

Malchia und sein Esel
Wer ist der Mann, der in Jerusalem einzieht?

Malchia arbeitet in seiner kleinen Werkstatt. Er ist daran, einen Teppich zu weben, einen Teppich mit blauen und gelben Streifen. Gerade ist ein blauer Streifen fertig. Malchia streckt sich. Er tritt hinaus in die Frühlingssonne. Er will schnell nach seinem kleinen Esel schauen, dem Esel, den er erst gestern gekauft hat. „Bald ist der Esel ausgewachsen. Bald hilft er mir, meine Teppiche zum Markt zu tragen", denkt Malchia.

Aber da stehen zwei fremde Männer in seinem Hof. Einer hat bereits die Schnur gelöst, mit der der Esel angebunden ist. Der andere streichelt das Tier.

„Das ist mein Esel. Was wollt ihr hier?" sagt Malchia schnell und laut. Er versucht, ruhig zu bleiben. Innerlich zittert er. Er spürt, daß er seinen Esel schon sehr lieb gewonnen hat. Er kennt die Augen des Esels, den weißen Fleck auf seiner Stirn – und schließlich hat er seine ganzen Ersparnisse für ihn ausgegeben!

„Warum bindet ihr mein Tier los?" fragt Malchia. Die beiden Männer antworten: „Unser Herr und Meister, Jesus von Nazareth, braucht ein Tier. Du bekommst es wieder zurück."

Jesus von Nazareth? Malchia stutzt. Wer ist das? Noch nie hat er von diesem Mann gehört. Aber die beiden Männer machen einen zuverlässigen Eindruck. Sie sind bereits auf der Straße mit dem jungen Esel. Malchia läßt sie ziehen. Er ist über sich selbst erstaunt. Warum ärgert er sich nicht? Er beginnt in seiner Werkstatt mit dem nächsten Streifen, einem gelben. Erst als er damit fertig ist, tritt er wieder in den Hof. Da fällt ihm der kleine Esel ein. Und auch der Name „Jesus von Nazareth". Wann bringen die Männer das Tier wohl zurück?

Abends dann, als Malchia auf der Bank vor seinem Haus ausruht, setzt sich Lukas, der Nachbarsjunge, zu ihm. „Hör, Malchia", erzählt er, „ich habe einen merkwürdigen Umzug gesehen heute. Ein Mann ritt auf einem jungen Esel nach Jerusalem. Die Menschen jubelten, sie warfen Palmzweige auf den Boden und riefen: Hosianna! König! Sohn Davids! Und das Merkwürdigste, Malchia: Der junge Esel sah aus wie deiner, den du gestern gekauft hast, ja, ganz genau gleich – ich habe ihn mir gut angeschaut."

Es wird langsam dunkel. Die Geräusche der Nacht sind zu hören: das Quaken von Fröschen, das Zirpen von Grillen, in fernen Höfen ein Lachen und weit fort das Weinen eines Kindes. Malchia schweigt lange. Auch Lukas denkt nach.

„Es war mein Esel, Lukas. Und der König heißt Jesus von Nazareth. Er wird mir den Esel zurückbringen, sicher. Warte nur, bald wird er kommen."

Am nächsten Tag arbeitet Malchia weiter. Blaue Streifen und gelbe Streifen. Immer wieder tritt er in den Hof hinaus und späht die Straße hinauf und hinunter. Wann kommt sein kleiner Esel zurück? Und wer ist dieser Jesus von Nazareth, dieser König?

Als Malchia am Tag darauf aus dem Haus tritt, steht der kleine Esel im Hof. Er reibt seinen Kopf an Malchias Schulter. Er ist wohlgenährt und schön geputzt. Malchia aber

90

muß an seinem Teppich weiterweben. Er hat ihn einem reichen Herrn versprochen. Gelbe Streifen und blaue Streifen. Gelbe Streifen, blaue Streifen.

„Jesus von Nazareth" – wer ist das wohl? Was für ein König? Beim Weben hat Malchia Zeit zum Nachdenken. Wenn der Esel doch nur sprechen könnte! Er hat diesen Jesus getragen. Aber jetzt will er nur fressen; er will seinen Kopf an Malchias Schulter reiben – erzählen kann er nichts. Und so sagt Malchia eines Abends zu seinem kleinen Esel: „Weil du mir nicht erzählen kannst, was ich wissen muß, kleiner Esel, muß ich selber nach Jesus von Nazareth fragen gehen. Ich will ihn suchen. Morgen, ja morgen ist mein Teppich fertig, der riesige Teppich, an dem ich so lange gearbeitet habe. Du wirst den Teppich nach Jerusalem tragen. Dann suchen wir diesen König, diesen Jesus."

Am nächsten Tag ziehen sie fort, der Weber und sein kleiner Esel. Malchia verriegelt die Werkstatt. Er verabschiedet sich von den Nachbarn: „Ich weiß nicht, wann ich wieder zurückkomme", murmelt er geheimnisvoll. Nur Lukas weiß, was Malchia im Sinn hat. Er wäre gerne mitgezogen.

Als Malchia den wertvollen Teppich verkauft hat, beginnt er zu fragen. Er fragt die Händler in der Marktstraße von Jerusalem; er fragt Menschen, die aus dem Vorhof des Tempels kommen; und er fragt zuallerletzt einen römischen Soldaten. Er hat Angst vor den Soldaten; denn die Römer halten das Land besetzt und sind strenge Herren. Der römische Soldat aber bleibt stehen, er schaut Malchia an: „Ja, diesen Namen habe ich schon gehört: Jesus. Du guter Mann, ich glaube, so hieß einer der drei Verbrecher, die vor einigen Tagen gekreuzigt wurden."

Der Soldat zeigt auf einen kleinen Hügel außerhalb der Stadtmauer. „Er lebt nicht mehr, dieser Jesus."

„Das muß ein Irrtum sein", antwortet Malchia, „aber ich danke dir für deine Auskunft."

Doch Malchia erfährt: Es ist kein Irrtum. Jesus ist am Kreuz gestorben. „Jesus, König der Juden" – das haben sie über seinem Kopf ins Holz geritzt. Zwei Frauen erzählen Malchia alles ganz genau, zwei Freundinnen Jesu. Sie sagen: „Er ist gestorben, Malchia, und dennoch lebt er. Er ist wieder lebendig geworden. Er ist stärker als der Tod. Darum ist er unser König." Noch mehr erzählen die beiden Frauen, die Malchia auf dem Hügel bei der Stadt Jerusalem getroffen hat. Dann verliert er sie aus den Augen – im Gewühl der Menschen.

Malchia ist wieder ganz allein mit seinem kleinen Esel. Aber er denkt: Ich will mehr wissen, ich will alles herausfinden über Jesus – diesen König ohne Krone, diesen Toten, der doch lebendig ist. Das ist wie ein Rätsel. Ich will ihm nachgehen, diesem Mann, der auf meinem Eselchen geritten ist.

Lange reist Malchia umher, um alle Leute auszufragen nach Jesus von Nazareth.

„In Nazareth will ich ihn suchen", sagt er sich. In der Stadt Nazareth geht Malchia darum von Haus zu Haus. Niemand will hier etwas von einem Jesus wissen. Manche Leute schütteln den Kopf, andere lächeln, als ob sie etwas wüßten und nicht preisgeben wollten. Schließlich läßt ein alter, freundlicher Mann Malchia in sein Haus ein. Er sagt: „Wir kennen ihn schon – du meinst doch den Sohn des Zimmermanns Joseph? Aber ich sage dir: Der hat keinen guten Ruf hier in Nazareth. Die Leute denken, er sei ein Spinner. Er hat hier gepredigt wie ein Prophet. Aber geh einmal zum See Genezareth. Ich habe gehört, daß er dort mehr Erfolg hatte als hier, in seiner Heimatstadt."

Malchia zieht mit seinem kleinen Esel weiter. Am See Genezareth beginnt er zu fragen. Er fragt in vielen Dörfern – und findet Menschen, die von Jesus gehört haben. Ein junger Mann erzählt ihm: „Ich war krank, Malchia. Ich war wahnsinnig, besessen von einem bösen Geist. Der böse Geist trieb meinen Körper hin und her. Aber Jesus jagte den Geist weg; er machte mich gesund." Malchia staunt. Ist er ein Wunderarzt gewesen, dieser Jesus?

Und Malchia zieht weiter. Er will noch mehr wissen. Er zieht durchs ganze Land. Er kommt auch an Zollstationen vorbei. Er hat nichts zu verzollen. Er ist inzwischen arm. Das Geld, das er für seinen blau-gelben Teppich bekommen hat, ist fast verbraucht. Trotzdem hat er Angst vor den Zöllnern. Die sind oft grausam und nehmen den Menschen mehr Geld ab, als erlaubt ist. Darum ist es Malchia nicht angenehm, daß der Zöllner Zachäus ein Gespräch mit ihm anknüpft. Zachäus fragt, wohin er unterwegs sei. Und wie staunt da Malchia: Die Augen des Zöllners leuchten, nachdem er den Namen Jesus ausgesprochen hat.

„Komm in mein Haus, Malchia, du sollst bei mir essen, ich will dir Reisegeld geben. Denn mir hat dieser Jesus geholfen – so will auch ich dir helfen."

So kann Malchia fröhlich weiterwandern. Schon viel hat er jetzt über Jesus erfahren. Aber er würde gerne noch mehr wissen. Wo ist er geboren? Das hat ihm niemand erzählen können.

Aber er sagt zu sich selbst: „Meine Reisezeit ist um. Ich habe Lukas versprochen, spätestens zur Zeit der langen Nächte, mitten im Winter, wieder daheim zu sein. Wie wird er staunen über alles, was ich ihm erzähle!"

Malchia ist erschöpft, als er an einem kalten Abend in einem Städtchen einen Schlafplatz sucht. Er ist jetzt nicht mehr weit von seiner Heimat entfernt.

Doch in der kleinen Stadt sind alle Gasthäuser besetzt. So zieht er unter dem klaren Sternenhimmel weiter. Außerhalb der kleinen Stadt aber – sie heißt Bethlehem – trifft er einen sehr alten Hirten. Er sitzt an einem Feuer und winkt Malchia zu sich heran.

„So spät noch unterwegs? Brauchst du ein Nachtquartier?"

Der Hirt führt Malchia zu einer Höhle im Felsen. Die Höhle dient dem Hirten als Stall. Ganz hinten steht eine alte Futterkrippe. Dort liegt auch ein Haufen Stroh. „Hier kannst du schlafen."

Doch aus dem Schlaf wird in dieser Nacht nichts. „Auf den Spuren von Jesus bist du unterwegs?" fragt der alte Hirt. Seine Augen leuchten; so ähnlich haben auch die Augen des Zöllners Zachäus geleuchtet!

„Ja, Malchia, hier in diesem Stall wurde er geboren. In der Futterkrippe, die dort hinten steht, lag er. Es war eine kalte Nacht damals, wie jetzt. Die Eltern des Kindes fanden keinen Platz in einem Gasthof – wie du heute. Ich traf sie, als sie Bethlehem verließen. Die Frau erwartete ein Kind. Sie tat mir leid. Ganz jung war sie noch. Und da machte ich ein Lager aus Stroh in meiner Höhle. Sie war dankbar.

Ich aber mußte wieder zurück zu meinen Schafen. Und da geschah es, Malchia. Ein merkwürdiger Mann, wie ich nie zuvor einen gesehen hatte, stand plötzlich bei mir. Er war umgeben von einem großen Licht, dieser Mann. Und er sprach zu uns Hirten mit klarer, fast unheimlicher Stimme. Zuerst hatten wir Angst, große Angst. Aber dann wußten wir: Das ist ein Engel. Er kommt von Gott. Er will uns helfen.

Und der Engel sagte zu uns: Das Kind dort, im Stall, das jetzt geboren ist, ist euer Heiland und König."

Der alte Hirte wird still. Auch Malchia ist still. Beide denken nach. Der Esel reibt den Kopf an Malchias Schultern, und Malchia ist fast neidisch: Ja, du hast ihn getragen, diesen König. Wenn du doch sprechen könntest. Eselchen!

Nach langem Schweigen fügt der alte Hirt noch hinzu: „Und es hieß Jesus, dieses Kind. Ich habe später nichts mehr von ihm gehört, umsonst gewartet, gewartet."

Jetzt ist es Malchia, der erzählt, von seiner Reise, vom Zöllner, vom geheilten Mann am See Genezareth – und die Geschichte vom Einzug in Jerusalem, mit diesem Eselchen.

Es ist Morgen, als die beiden Männer sich alles erzählt haben. Mit langen Pausen haben sie geredet. Das Nachdenken hat viel Zeit gebraucht. Aber sie sind nicht müde. Nur der Esel hat ein paar Stunden geschlafen.

Malchia macht sich auf den Weg. Bald will er zu Hause sein. Der Nachbarsjunge Lukas wartet. „Jetzt kann ich ihm alles erzählen – jetzt weiß ich auch, wo er geboren ist, Jesus, dieser merkwürdige König."

Der lange Tag des Abiram
Mit Jesus nach Gethsemane

Frühmorgens macht sich Abiram auf den Weg. Alle im Haus schlafen noch. „Niemand wird mich suchen. Sie haben zu tun mit den Vorbereitungen fürs Fest heute abend. Und so jung, daß ich immer fragen müßte, bin ich schließlich nicht mehr …"

Es ist kühl. Abiram hüllt sich in seinen grauen Wollmantel. Es ist besser, wenn man sein vornehmes Leinenkleid darunter nicht sieht.

Den steinigen Weg eilt er vom Ölberg ins Kidrontal hinunter. Dann auf der andern Seite des Tales wieder hinauf. In der Morgendämmerung sieht er schon die Mauer des Tempels von Jerusalem.

Abiram will ihn wieder finden, diesen Jesus von Nazareth! Er will mehr von ihm wissen.

Als er vor drei Tagen mit den Eltern in der Stadt war, haben sie Jesus im Vorhof des Tempels gesehen: Er stieß die Tische der Händler um. Ein großes Geschrei entstand. Geld rollte auf den Boden. Ein alter Mann, der Tauben verkaufte, beklagte sich laut, weil sich sein Tragkorb geöffnet hatte. Alle Vögel flogen weg. Sie setzten sich auf die Tempelmauer.

Doch jetzt auf dem Weg in die Stadt denkt Abiram nicht mehr an die schreienden Händler. Er denkt an diesen Jesus von Nazareth. Er stieß nicht nur die Tische um; er rief: „Dieses Haus soll ein Bethaus sein. Ein Haus für Gott!"

Und er rief: „Dieser Tempel soll kein Kaufhaus sein, keine Räuberhöhle!" Ja, zuerst erschrak Abiram über das Rufen, das Durcheinander im Tempel. Aber dann schaute er genau hin. Er schaute ihn an, diesen mutigen Mann, der die Verkaufstische umstieß. Immer wieder schaute er hin und hörte ihm zu, wie er mit den Schriftgelehrten redete – Dinge, die Abiram nicht verstehen konnte.

Später dann sah er ihn nochmals, von ganz nah. Gerade neben Abiram verließ er den Tempel. Er sprach freundlich mit seinen Schülern. Auch etwas Merkwürdiges, Gefährliches sagte er, etwas, das Abiram nicht mehr vergessen kann: „Kein Stein des Tempels wird auf dem andern bleiben." Daran denkt Abiram jetzt, als er immer näher zur Tempelmauer kommt.

Sein Vater hat geschimpft über diesen Mann. „Was will der eigentlich?" hat er gebrummt. Aber dann hat er doch nach seinem Namen gefragt. „Jesus von Nazareth", wurde ihm von einem der Schüler zugeflüstert. Und so weiß Abiram, wen er jetzt suchen will: Jesus von Nazareth.

Ist er wohl heute wieder im Tempel? Abiram will nach ihm fragen.

Die Sonne ist inzwischen aufgegangen. Im Vorhof des Tempels wird es lebendig. Die Händler stellen ihre Tische auf. Auch der alte Taubenverkäufer ist wieder da. Ein Bethaus ist dies wirklich nicht, denkt Abiram.

Er will die Händler nicht nach Jesus fragen. Auch die Pharisäer wagt er nicht anzusprechen. Er fragt den Tempeldiener, der im Vorhof putzt. Er fragt Besucher, die in den Tempel strömen. Niemand weiß etwas von diesem Jesus. Nur die alte Bettlerin, die jeden Tag hier steht, kann ihm weiterhelfen. „Du meinst wohl den merkwürdigen Lehrer, der vor einigen Tagen nach Jerusalem geritten ist? Ja, der heißt

Jesus. Ich habe gehört, daß er immer in Bethanien übernachtet. Aber fürs Passah-Essen heute abend wird er wohl wieder in die Stadt kommen. Was willst du eigentlich von ihm? Weißt du, er ist arm ...." Abiram hört nicht länger zu. Er hat genug verstanden. Bethanien! Er kennt das Dorf!

So schnell er kann, verläßt er Jerusalem. Wieder steigt er hinunter ins Kidrontal. Dann wieder auf der andern Seite hinauf. Er geht beinahe den gleichen Weg zurück, den er vor einer Stunde gekommen ist.

Als er in Bethanien ankommt, brennt die Sonne heiß. Abiram ist erschöpft. Zuerst ist er gerannt, aber jetzt kommt er nur noch langsam voran. Gleich im ersten Haus des Dorfes fragt er. Ja, hier kennt man diesen Jesus von Nazareth. „Er ist zu Besuch da vorn, zu Besuch bei Simon", ruft eine Frauenstimme. „Bei dem Simon, der einmal aussätzig war, das vierte Haus von hier", fügt ein Mann hinzu.

Bald steht Abiram in der offenen Tür von Simons Haus. Es ist dunkel im Innern. Abirams Augen müssen sich gewöhnen. Erst allmählich erkennt er einzelne Gestalten: den Hausherrn Simon, Kinder, auch andere Menschen, die er noch nie gesehen hat. Alle liegen auf Kissen. Die Hausfrau bietet auf einem Teller kleine Stücke von Honigfladen an. Abirams Augen suchen weiter. Wo ist Jesus?

Eine bunt gekleidete vornehme Frau steht mitten in der Halle. Das ist keine Bauernfrau aus Bethanien! Was tut sie hier? Alle schauen auf sie. Ja, und gerade hinter der fremdartigen Dame entdeckt Abiram jetzt Jesus, den Kopf von Jesus. Und er sieht, wie die Frau aus einer verzierten Glasflasche Öl über Jesu Kopf gießt. „Narde, echte Nardensalbe", sagt leise eine Frau. „Narde – das ist etwas für Reiche und Vornehme", fügt eine andere hinzu. „Narde – das ist etwas für Städter. Was soll dies hier in einem Bauernhaus?" sagt eine dritte Frau.

Es ist wieder still. Ein herrlicher Duft verbreitet sich. In diesem Duft, in der summenden Stille wirft die buntgekleidete Frau die wertvolle Glasflasche auf die Feuerstelle, so daß die Flasche in tausend Stücke zerbricht. Abiram erschrickt. Er weiß, wieviel solche Gläser kosten.

Erst jetzt beginnen die Männer zu reden: „Frau, bist du verrückt? Du hättest die Salbe verkaufen können! Auch die wertvolle Flasche! Du hättest mindestens hundert Denare für die Salbe bekommen! Nein, dreihundert! Vierhundert!" Alle rufen durcheinander. „Wir hätten vielen Armen helfen können mit diesem Geld."

Endlich erkennt Abiram die Stimme Jesu. Jetzt hören alle zu. „Laßt die Frau in Ruhe! Macht sie nicht traurig. Sie hat etwas Schönes an mir getan. Arme Menschen habt ihr immer um euch. Helft ihnen doch. Mich aber habt ihr nicht mehr lange bei euch. Die Frau hat es gut gemacht. Sie hat mich auf meinen Tod vorbereitet."

„Ja, sie hat ihn gesalbt wie einen Toten", flüstert ein alter Mann vor Abiram. „Sie hat ihn gesalbt, wie man früher Könige salbte", sagt ein zweiter. „Sie hat ihn gesalbt, wie es die reichen und vornehmen Römer tun", fügt ein dritter hinzu.

Dann ist es still im Raum. Erst jetzt redet Jesus wieder: „Auf der ganzen Welt wird man es erzählen. Immer dann, wenn man von mir erzählt. Man wird sagen: Die Frau im bunten Rock hat gewußt, daß ich ein König bin." Dann steht Jesus auf. Auch seine Freunde stehen auf. Jesus bedankt sich. Er dankt der Frau im bunten Rock. Er dankt Simon, bei dem er zu Gast war.

Abiram tritt zur Seite. Er horcht, wie Jesus mit seinen Schülern vor Simons Tür spricht. „Wo sollen wir das Passahmahl essen?" fragen die Freunde. „Wir müssen Platz finden in einem Haus in Jerusalem", sagt einer. „Sicher ist schon alles besetzt." Jesus aber schickt zwei seiner Freunde voraus. Er sagt: „Geht in die Stadt. Ihr werdet einen Mann treffen – einen Sklaven, der einen Wasserkrug trägt. Geht ihm nach. Und redet mit seinem Herrn. Sagt zum Hausherrn: Unser Meister braucht einen Saal, in dem er mit seinen Freunden das Passahmahl feiern kann. Der Hausherr wird euch oben in seinem Haus einen Raum zeigen. Dort werden saubere Kissen liegen. Es wird genug Platz sein für mich und euch alle zwölf. Dort sollt ihr unser Passah-Essen vorbereiten."

Die zwei Freunde Jesu machen sich auf den Weg. „Darf ich euch begleiten?" fragt Abiram schüchtern. „Ich kann euch helfen. Ich weiß, wie man alles vorbereitet." Der eine Mann zuckt mit den Achseln. Der andere schaut Abiram fragend an. Was sollen sie dem Jungen antworten? Abiram geht einfach mit.

In der Stadt aber ist alles genau so, wie Jesus es gesagt hat. Sie treffen den Sklaven mit dem Wasserkrug. Sie kommen zu einem freundlichen Hausherrn. Er zeigt den Saal oben in seinem Haus. Dort liegen saubere Kissen. Es ist genügend Platz da für Jesus und seine zwölf Freunde.

Abiram staunt. Wie konnte Jesus dies so genau wissen? „Es ist genau, wie es euer Meister gesagt hat", flüstert er und stößt einen der beiden Freunde Jesu vorsichtig an. Der Mann lächelt. „Ja, er ist merkwürdig, unser Herr. Er ist arm und doch mächtig. Er weiß mehr als andere Menschen."

Abiram ist froh, daß er jetzt helfen kann. Er steckt Kerzen in die Leuchter. Er holt das ungesäuerte Brot aus der Küche des Hausherrn. Er legt es in die Mitte zwischen die Kissen, wie er es zu Hause gelernt hat. Er stellt Becher hin, auch Wasser und Wein. Die beiden Männer holen das gebratene Lamm auf dem Tempelplatz. Bald ist alles bereit.

Jetzt wird Abiram traurig. Er weiß, daß er nicht mit Jesus

und seinen Freunden essen darf. Er gehört ja nicht dazu. Aber er will in der Nähe bleiben. Er will warten. Nachher möchte er weiterziehen mit Jesus aus Nazareth. Vielleicht noch in dieser Nacht?

Der Junge denkt gar nicht daran, daß er nach Hause gehen sollte. Er könnte wissen: Jetzt haben sie Angst um mich. Doch er will hier nichts verpassen. Hat Jesus nicht gesagt: „Ich werde nicht mehr lange bei euch bleiben?" Was soll das bedeuten?

Es wird dunkel. Da kommt Jesus mit den andern zehn Freunden. Er steigt die Treppe zum Saal hinauf. Die Männer verschwinden hinter der Tür. Abiram setzt sich auf die Treppenstufen. Er hüllt sich gut ein. Es ist trotzdem kalt. Abiram ist hungrig. Den ganzen Tag hat er nichts gegessen. Er wartet.

Da schaut einer von Jesu Freunden zu Abiram hinunter. Abiram hat Angst. Schickt er mich weg? Andreas aber bringt Abiram Brot und Fleisch. „Bleib nur sitzen", sagt er. „Du kannst unser Wächter sein. Hunger hast du bestimmt." Abiram nickt Andreas dankbar zu. Er wartet weiter. Er ißt. „Ich gehöre doch ein bißchen dazu", denkt er.

Was reden sie wohl? Abiram drückt sein Ohr an die Tür. Er horcht. Er versucht, die Stimme von Jesus herauszuhören. Er versteht nur einzelne Worte. Aber etwas hört er deutlich. Oder hat er sich getäuscht? „Einer von euch wird mich verraten." Das ist die Stimme Jesu.

Verraten? Das kann doch nicht sein! Die Männer sind doch Jesu Schüler und Freunde. Verraten? An wen verraten? Was soll das bedeuten? „Aber nicht ich!" „Aber nicht ich, ich doch nicht?" – so hört er die Stimmen der andern Männer.

Hat Jesus sich getäuscht? Kann Jesus sich täuschen? Hat er nicht auch heute nachmittag alles genau vorhergesagt –

mit dem Sklaven, der den Wasserkrug trug? Alles mit Jesus geschieht nach einem bestimmten Plan. Kann jemand daran etwas ändern? fragt sich Abiram. Es ist anstrengend, durch die geschlossene Tür zu horchen.

Der Junge hüllt sich fester in seinen Mantel. Er zieht die Beine an und legt den Kopf auf seine Knie. So hockt er auf der obersten Treppenstufe wie ein Paket, die Arme um die Knie geschlungen, um sich gegen die Kälte zu schützen.

Wie lange hat er so gewartet? Der Gesang, der aus dem kleinen Saal kommt, schreckt ihn auf. Abiram ist ganz steif geworden. Er streckt seine Glieder. Sicher ist die Mahlzeit von Jesus und seinen Freunden jetzt beendet. Wohin werden sie gehen? Werden sie hier übernachten?

Die Tür geht auf. Schnell springt Abiram hoch und huscht vor den Männern die Treppe hinunter. Er schließt sich an Andreas an und geht mit. Ob auch er einmal mit Jesus sprechen darf?

Abiram sieht: Einer der Freunde begleitet Jesus nicht. Warum wohl? Ist es nicht der, den sie Judas nennen, der, der immer den Geldbeutel für Jesus und seine Freunde trägt? Ja, Judas! Er eilt hastig und leise in einer andern Richtung davon. Hat er einen wichtigen Auftrag? Vielleicht muß er etwas für seinen Meister besorgen? Warum verabschiedet er sich nicht von Jesus? Alles um Jesus ist so geheimnisvoll!

Die Männer verlassen mit Jesus die Stadt auf dem gleichen Weg, auf dem Abiram in der Morgendämmerung gekommen ist. Niemand ist sonst unterwegs. Sie steigen auf der andern Seite des Kidrontals zum Ölberg hinauf.

Jesus tritt in den Garten ein, der Gethsemane heißt. Abiram kennt hier jeden Baum, jeden Stein. Auch mitten in der Nacht weiß er, wo die großen verknorpelten, wo die jungen Olivenbäume stehen. Das Gut von Abirams Eltern liegt gleich daneben.

Jesus bleibt stehen. „Setzt euch", sagt er zu seinen Freunden. „Setzt euch und wartet hier auf mich, bis ich gebetet habe." Nur mit drei Männern geht er ein Stück weiter. Er hält sich fest an ihren Mänteln. Ist er schwach? „Ich bin traurig", sagt er. Seine Stimme zittert. „Mir ist angst. Ich brauche euch, meine Freunde. Bleibt doch hier! Bleibt bitte wach, während ich bete."

Abiram hat ein schlechtes Gewissen, weil er hinter dem alten Olivenbaum alles hört. Soll er sich Jesus zeigen? Aber schon geht Jesus weiter. Ganz alleine. Etwas weiter vorn wirft er sich auf die Erde. Abiram sieht, daß er zittert. Jesus kniet. Sein Kopf und die Arme liegen flach auf dem Boden. Ist es richtig, so zu beten? Abiram möchte gerne fragen. Nur selten dringt etwas Mondlicht zwischen den Wolken hindurch. Abiram möchte verstehen, was Jesus betet. Aber Jesus ist zu weit entfernt.

Abiram denkt an den Tempel. Der Tempel soll ein Bethaus sein, hat Jesus gesagt. Und jetzt betet er selbst. Beten – ist das Beten für Jesus die Hauptsache? Wenn ich doch beten könnte, denkt Abiram. Vielleicht können es mir Jesu Freunde beibringen? Abiram schaut auf die drei Männer, die vor ihm auf dem Weg warten. Da zuckt er zusammen. Die schlafen ja! Soll er sie wecken? Sein Herz klopft.

Da kommt Jesus zurück. Er rüttelt die Freunde wach. „Könnt ihr nicht eine einzige Stunde mit mir wachen? Wachet und betet! Ich bitte euch, laßt mich nicht allein!"

Wieder geht Jesus ein Stück fort und betet. „Abba, Vater!" ruft er. Jetzt kann ihn Abiram verstehen. Er versteht auch: „Dein Wille geschehe." Was bedeutet das?

Als Jesus zurückkommt, schlafen die Freunde wieder. Nach diesem langen Tag sind ihre Augenlider schwer. Vergeblich haben sie gegen den Schlaf gekämpft. Sie wissen nicht, was sie Jesus sagen sollen. Sie möchten ihrem Mei-

ster helfen. Sie möchten mit ihm wachen. Das weiß Abiram. Es macht ihn traurig. Er möchte sie wachrütteln und rufen: „Ich bin auch wach, Jesus! Hier hinter dem Ölbaum!" Aber er gehört ja nicht dazu. Und ist er nicht ein Junge? Fast ein Kind?

Zum dritten Mal betet Jesus. Und zum dritten Mal schlafen seine Freunde ein. Als Jesus zurückkommt, sagt er: „Ja, ihr seid müde. Schlaft ruhig weiter. Jetzt ist meine Stunde gekommen. Die Zeit mit euch geht zu Ende. Schaut, da kommen die, die mich fangen wollen. Schaut, hier kommt der, der mich verrät!"

Fackeln leuchten auf. Man hört Stimmen. Man hört ein Klirren. Sind das Waffen? Jesu Freunde sind aufgesprungen. Alle sind hellwach. Eine ganze Menschenschar kommt auf Jesus zu. Sie tragen Schwerter und Stöcke. Sie sehen gefährlich aus. Sind es römische Soldaten? Sind es Diener des Hohenpriesters?

Einer geht der gefährlichen Schar voran. Den kenne ich doch, denkt Abiram. Ist es nicht Judas, einer von Jesu Freunden?

Da tritt Judas auf Jesus zu. Er gibt ihm einen Kuß. Jetzt wissen die bewaffneten Leute: Das ist der Meister. Das ist dieser Jesus, den wir festnehmen sollen.

Abiram aber ist sprachlos. Darum also ist dieser Judas weggegangen. Weggegangen, um seinen Herrn an die Feinde zu verraten!

„Wie gegen einen Räuber zieht ihr aus - mit Schwertern und Stangen! Warum habt ihr mich nicht vorher ergriffen? Ich war ja jeden Tag im Tempel. Da hättet ihr mich einfach abführen können", sagt Jesus. Seine Freunde aber haben große Angst. Abiram sieht ihre verschreckten Gesichter. Sie rennen davon – in verschiedenen Richtungen. Ihre Schatten verschwinden zwischen den Olivenbäumen.

„He", ruft Abiram. Er hat jetzt Mut. „Laßt ihr euern Freund und Herrn allein? Habt ihr Angst?" Niemand hört ihn. Der Lärm ist zu groß.

Leise eilt er neben der Gruppe, die Jesus fortführt, her. Immer wieder versucht er, ins Gesicht Jesu zu sehen. Er will wissen, wohin sie ihn bringen. Seinen grauen Wollmantel hat er liegen lassen. So kann er sich besser bewegen. In seinem hellen Gewand huscht er weiter. Da entdeckt ihn einer der bewaffneten Knechte. „He du, wer bist du? Gehörst du auch zu ihm?" Und schon packt ihn ein anderer Knecht am Ärmel. Sie wollen ihn festnehmen. Abiram aber schlüpft aus seinem Leinenhemd. Auch er hat Angst. Nackt verschwindet er hinter den Bäumen. Er geht zurück. Er sucht seinen Wollmantel. Er hüllt sich ein.

Langsam geht er nach Hause. Seine Eltern wohnen ganz nahe. Abiram steigt durchs Fenster ins Haus. Niemand soll ihn hören. Er wirft sich auf seine Schlafmatte. Er zittert. Er weint. Was geschieht mit ihm? Jesus, was geschieht mir dir? Jesus, ich hätte dich beschützen sollen! Ich hätte mit dir gehen sollen. Ich Feigling! Langsam schläft Abiram ein.

Die Diener des Hohenpriesters aber lachen. Sie freuen sich. „Ein wertvolles Leinenkleid haben wir erwischt. Das muß ein vornehmer Junge gewesen sein! Das teilen wir uns!"

Und sie führen Jesus fort, fort in den Palast des Hohenpriesters.

Die Magd Bilha hütet das Feuer
Verurteilung und Tod Jesu

Schon seit Stunden ist es dunkel. Aber niemand scheint müde zu sein. Im Haus des Hohenpriesters Kajaphas ist keiner schlafengegangen. Leise hat eine Gruppe von Soldaten mit Fackeln in der einen, großen Stangen oder Schwertern in der andern Hand den Hof verlassen. Wohin gehen sie wohl? Bilha weiß es nicht. Sie ist erst seit kurzem als Magd hier im Haus. Sie ist stolz, daß sie bei Kajaphas dienen darf. Immer neu wird sie heute nacht Holz aufs Feuer legen – das ist ihre Aufgabe. Das Feuer soll die ganze Nacht nicht ausgehen – so hat es der oberste Diener angeordnet.

Bilha gibt sich Mühe. Ihr großer Bruder hat ihr diese Stelle beim Hohenpriester verschafft und sie aus Galiläa geholt; dort ist sie nach dem Tod der Eltern von einer Tante erzogen worden. Jetzt ist sie fast erwachsen; sie soll hierbleiben, in der großen Stadt. Die andern jungen Mädchen haben sie darum beneidet: Jerusalem, ja, das hätten sich alle gewünscht.

Bilha ist froh – und doch: Während sie Holz auflegt, denkt sie immer wieder an ihre Freundinnen von früher, an ihr Dorf in Galiläa, an die Gespräche am Dorfbrunnen, an den See Genezareth. Sie fühlt sich in der Stadt einsam. Eigentlich kennt sie keinen der Diener richtig. Auch vor ihrem großen Bruder, der gelegentlich vorbeikommt, fürchtet sie sich. Und sie weiß nicht recht, was hier vorgeht. Ja, der oberste Priester, die Hohenpriester überhaupt wachen über den Glauben des Volkes. Es ist auch mein Glaube, denkt Bilha. Aber was hat sie als Mädchen schon darüber gelernt? Sie will hier gut zuhören. Sie möchte mehr verstehen.

Während Bilha ihren Gedanken nachhängt und zufrieden ist, daß das Feuer leuchtet, knistert und wärmt, wird es plötzlich lauter im Hof. Die bewaffneten Soldaten sind mit den brennenden Fackeln zurückgekommen. Sie führen einen Gefangenen mit sich, einen Mann im einfachen Reisemantel. Bilha sieht ihn nur von hinten. Sie hätte einen bewaffneten Räuber, vielleicht auch einen jener verwahrlosten Verbrecher erwartet, von denen man erzählt, daß sie sich im Gebirge versteckt halten und dort ganze Banden bilden. Was hat denn dieser Mann im Reisemantel verbrochen? Die Soldaten, die den Gefangenen festhalten, verschwinden mit ihm in einer dunklen Ecke des Hofes. Dort sind sie unsichtbar. Nur ein Murmeln ist zu hören.

„Es ist die Tempelpolizei", flüstert ein Diener des Kajaphas Bilha zu. Sie staunt und schüttelt den Kopf. Aber sie darf ihr Feuer nicht vergessen. Sie legt neues Holz auf. Und dann wird es wieder stiller. Immer mehr Diener und Soldaten setzen sich im Kreis ums Feuer. Sie wärmen sich. Einzelne nicken ein. Nur aus der Ecke, in der der Gefangene bewacht wird, hört man gelegentlich ein Lachen und Flüstern.

Im blassen Licht, das vom Feuer auch an den Rand des Hofs dringt, sieht Bilha einen Fremden, der leise durchs Hoftor kommt und sich auch in den Kreis, in die Nähe des wärmenden Feuers setzt. Er trägt weder die Uniform der Tempelpolizisten noch das Gewand von Kajaphas' Dienern. Nein, in seinem Reisemantel erinnert er eher an den Gefangenen, den sie vorhin in den Hof geführt haben. Der Fremde sitzt Bilha genau gegenüber. Jetzt sieht sie sein

Gesicht. Es wird vom Feuer beleuchtet. Bilha staunt. „He du", ruft sie dem Fremden über die Flammen hinweg zu. „He du, ich kenne dich doch. Du bist doch mit dem Rabbi Jesus durch Galiläa gezogen, ja, zu ihm gehörst du." Bilha hat immer lauter gesprochen. Sie ist aufgesprungen. Sie will ums Feuer auf den Mann zugehen. Sie freut sich. Er kommt aus ihrer Heimat! „Still, Kleine", flüstert ihr da schnell einer der älteren Diener zu und zeigt auf die schlafenden Soldaten. „Weck sie nicht auf." Ganz leise setzt sich Bilha nun neben den Fremden. Aber er schaut auf die andere Seite. Er will nichts mit ihr zu tun haben. „Ich kenne den Mann nicht, von dem du sprichst", hat er Bilha unfreundlich zugezischt.

Einzelne Diener, die wachgeblieben sind, verwickeln den schweigsamen Fremden endlich doch in ein Gespräch. Sie fragen ihn, sie hören ihm aufmerksam zu. Dann tritt eine kurze Stille ein. Und hinein in diese Stille sagt einer der Männer: „Ich höre es an deiner Sprache: Gewiß bist du auch ein Galiläer. Gehörst du nicht irgendwie zu unserem Gefangenen?" Da antwortet der Fremde schnell und heftig: „Was habt ihr eigentlich? Ich bin nicht der, den ihr meint."

Wiederum ist es still. Nur das Knistern des Feuers ist zu hören, machmal ein Flüstern aus der hinteren Hofecke. Bilha legt Holz nach. Sie möchte wissen, wer der Gefangene ist. Sie kann niemanden fragen. Und die Nacht ist lange und kalt.

Plötzlich, nach einer Stunde etwa, schaut wieder einer der Diener dem Fremden genau in sein beleuchtetes Gesicht und sagt deutlich: „Dich kenne ich ganz gewiß. Du warst bei unserem Gefangenen, ja, ich habe dich mit ihm herumziehen sehen. He du, du bist doch Galiläer!" Mit einem Ruck steht jetzt der Fremde auf, schüttelt seine steifen Beine, wickelt den Reisemantel enger um sich und sagt entrüstet: „Hört doch auf mit solchem Geschwätz! Ich weiß gar nicht, wovon ihr redet." Während er aber noch spricht, kräht der erste Hahn laut und deutlich. Gleichzeitig stoßen die Soldaten den Gefangenen nach vorn, nahe zum Feuer. Jetzt kann auch Bilha das Gesicht des Gefangenen sehen. Es ist Jesus, den sie in Galiläa mit seinen Schülern gesehen hat. Und Jesus schaut mit festem Blick auf den Fremden, der die Nacht am Feuer zugebracht hat. Ja, die beiden kennen sich – das sieht man an ihren Blicken. Doch der Fremde, den niemand hindert, eilt durchs Hoftor hinaus, während Jesus von den Soldaten festgehalten wird.

Die Soldaten aber beginnen wieder zu lachen. Sie rufen Jesus Schimpfworte zu und schlagen ihn. Sie verhüllen sein Gesicht, daß er nichts mehr sehen kann. „Wer hat dir mit der Stange ans Bein geschlagen?" fragen sie dann höhnisch. „Wir meinten, du seist ein Prophet und ein Wundertäter. Und solche Dinge kannst du nicht erraten?"

Bilha hält es nicht mehr aus. Es ist unerträglich, wie sie Jesus verspotten und quälen. Auch sie möchte weg von hier, weg aus diesem Hof, wo alles unheimlich geworden ist. Aber darf sie das? Sie hat Angst. Sie tritt aus dem Tor, schaut hinaus auf die Gasse, wo in der frühen Morgendämmerung Umrisse zu erkennen sind. Und dort, unter einem Torbogen, nicht weit von ihr entfernt, hockt der Fremde von vorhin und weint bitterlich. Dieser kräftige Mann, der alles abgestritten hat, weint? Bilha beugt sich über ihn. Sie schüttelt ihn, bis er stoßweise, unterbrochen von Seufzern, sagt: „Ja, ich bin sein Freund, ich bin Simon Petrus, sein bester Freund. Aber ich habe ihn verleugnet, aus lauter Angst. Ich wollte nicht zugeben, daß ich zu ihm gehöre. Aber er hat schon vorher gewußt, wie schwach ich bin, wie feige. Er hat es vorausgesagt. Ehe der Hahn kräht, wirst du mich dreimal verleugnen – das hat er zu mir gesagt. Ich habe es nicht geglaubt. Und ich habe es auch nicht gewollt. Aber ich bin zu feige. Und jetzt muß ich fliehen – sonst werde ich gefangen und gequält wie der Meister." „Was hat dein Jesus eigentlich getan?" will Bilha wissen. Aber sie kann nicht weiterfragen. Simon Petrus verschwindet hinter der nächsten Hausecke. Man hört seine Sandalen das Straßenpflaster in kurzen Abständen berühren. Die Schritte entfernen sich schnell.

Später, als die Diener des Kajaphas dann nach dem Freund Jesu, dem Galiläer, der am Feuer saß, fragen, zeigt Bilha, die noch im Hoftor steht, in eine ganz andere Richtung. Sie werden Simon vergeblich verfolgen.

Bilhas Augen aber suchen jetzt im Hof nach Jesus. Wo ist er? Haben sie ihn weggeführt? In einer Ecke lehnen noch die Schwerter und Stangen der Soldaten. Das Feuer glüht. Hinter der Tempelmauer aber beginnt es ganz langsam rot zu leuchten: Die Sonne geht auf. Und Bilha putzt jetzt den fast leeren Hof, rund ums Feuer. Dicht an die Hofmauer gedrückt schlafen einige der Soldaten, die nachts ausgezogen sind. Nur zwei alte Priester gehen auf und ab. Der eine scheint das Hoftor zu bewachen, das auf die Gasse geht, das Tor, durch das Simon Petrus rechtzeitig entkommen konnte. Der andere steht neben der Tür, die in ein großes Gebäude führt. Bilha weiß: Dort ist der Saal, wo der Hohe Rat zusammenkommt. Wahrscheinlich haben sie Jesus dorthin gebracht. Was geschieht mit ihm?

Bilha lauscht. Hinter ihr wachen zwei junge Soldaten auf und blinzeln. „Ja, jetzt ist er vor dem Hohen Rat, vor den Ältesten, den Hohepriestern und Schriftgelehrten", sagen sie zueinander. Bilha dreht sich um: „Bei den Schriftgelehrten?" entfährt es ihr. „Oh, dort wird es ihm gut gehen. Schriftgelehrte und Pharisäer gibt es bei uns auch. Sie können die alten Schriften erklären. Sie sind gute Menschen –

da, wo ich aufgewachsen bin, in Galiläa. Sie haben dort auch die Armen unterstützt." „Ja, aber sie sind auch streng. Sie sorgen für Ordnung. Sei still, Mädchen. Schau, da kommt der Alte auf seinem Rundgang zurück." Bilha senkt den Kopf. Sie putzt weiter und wagt es nicht, dem alten Priester ins Gesicht zu schauen.

Plötzlich aber wird es laut. Aus dem großen Gebäude kommen die Ältesten des Volkes, Priester und Schriftgelehrte. Bilha drückt sich an die Wand und schaut fragend wieder die jungen Soldaten an. „Sie haben über Jesus verhandelt. Aber es ist merkwürdig. Schau, wie sie sich aufregen! Sie sind sich wohl nicht einig."

Und nun sieht Bilha alle Mitglieder des Hohen Rates auf den Hof kommen und hört sie laut reden: „Er sagt, er werde zur Rechten Gottes sitzen." „Er sagt, er sei der Messias, der Christus." „Er sagt, er sei Gottes Sohn." Die Stimme des alten Schriftgelehrten, der zuletzt laut gesprochen hat, zittert. Und er fügt hinzu: „Ich bin sicher – er ist gefährlich. Er will mehr sein als unsere römischen Herren. Er kann uns allen schaden. Wir dürfen ihn darum nicht selbst verurteilen – er muß vor das römische Gericht gebracht werden."

Bilha fürchtet sich. „Warum muß er vor ein römisches Gericht?" fragt sie leise einen der Diener. „Haben die Römer zu dem, was der Hohe Rat beschließt, überhaupt etwas zu sagen?" „Hör zu, Mädchen. Ja, wenn es sich um ein großes Verbrechen handelt – wenn etwa jemand zum Tode verurteilt werden soll, da sind wir von den Römern abhängig." „Zum Tode verurteilt?" Bilha wird immer ängstlicher. Er ist doch kein Mörder oder Schwerverbrecher? Dieser Jesus? Sie denkt weiter nach. Das römische Gericht? Wo ist denn das? Regiert der römische Statthalter Pontius Pilatus nicht in Caesarea, weit weg von hier am Meer? Dann wird er wohl nicht viel sagen können zu diesem Jesus. Aber wiederum wird das Mädchen durch eine tiefe Stimme aufgeschreckt aus ihren Gedanken. Und jetzt erkennt sie Kajaphas selbst, den Hohenpriester, der befiehlt: „Bringt ihn zu Pontius Pilatus, in die Burg Antonia. Pilatus ist in Jerusalem. Beeilt euch! Seht, die Sonne geht auf! Pilatus beginnt mit seinen Gerichtssitzungen morgens früh. Führt Jesus zu Pilatus. Und sagt dem Pilatus: Dieser Jesus verführt das Volk. Er will es davon abhalten, den Römern Steuern zu zahlen. Und sagt dem Pilatus: Dieser Jesus sagt, er sei der Christus, der Messias, unser König."

Schnell verschwinden einige der Mitglieder des Hohen Rates in der Stadt, die leer ist. Es ist früher Morgen. Ihre Stimmen hallen in den engen Gassen und entfernen sich. Bilha hört, daß die Männer sich auf die Burg Antonia zu bewegen. Bilha hat es gesehen: Sie halten Jesus fest. Bald werden sie mit ihm beim römischen Statthalter Pontius Pilatus sein. Sie führen ihn fort, so schnell es geht.

„Ihr könnt jetzt schlafen gehen. Ihr werdet durch andere abgelöst", ruft Kajaphas den müden Dienern und den Soldaten der Tempelpolizei zu. Auch Bilha gibt er ein Zeichen, das nach oben deutet, dorthin, wo die Schlafgemächer sind. Bilha zögert. Sie möchte nach Jesus fragen. Sie möchte auch wissen, ob dieser Simon jetzt in Sicherheit ist. Aber sie ist zu müde. Sie geht hinauf ins Schlafgemach der Mägde. Nur für kurze Zeit will ich mich hinlegen, denkt sie. Sofort fallen ihr die Augen zu.

Wie lange hat sie geschlafen? Sie hört lautes Gelächter, Stimmengewirr. Bilha eilt nach unten, schaut auf die Gasse. Nein, die Sonne steht noch nicht hoch. Die Magd schleicht sich weg vom Haus des Kajaphas und hört das laute Gelächter jetzt von neuem. „König der Juden, König der Juden", rufen Menschen, die in einer Gasse auf das Mädchen zukommen. Unter den Menschen entdeckt Bilha Jesus. Er wird getrieben. Er wird geschlagen und ausgelacht. „König der Juden, König der Juden", singen und lachen sie, als ob dies ein Riesenspaß wäre. Jesus trägt einen glänzenden roten Mantel. Sie haben ihn als König verkleidet! Aber wie ein Tier wird er durch die Straßen gezerrt. Woher kommt diese Menschenmenge? Wohin geht sie? Bilha erkennt einige der Schriftgelehrten, die Jesus bei Sonnenaufgang zu Pontius Pilatus gebracht haben. Aber jetzt kommen sie aus der entgegengesetzten Richtung, vom Palast des Herodes her.

Bilha möchte Jesus helfen. Sie möchte verhindern, daß sie ihn verspotten. Hat Jesus nicht immer für die Schwachen gesorgt, für die Armen und die Kranken? Und jetzt wird er so verlacht? „He, was macht ihr mit diesem Rabbi? Kennt ihr ihn denn nicht? Laßt ihn doch los! Das muß ein Irrtum sein!" ruft das Mädchen. Aber der Zug mit Jesus bleibt nicht stehen: römische Soldaten, Schriftgelehrte und Pharisäer, Soldaten des Herodes Antipas, Männer und Frauen aus Jerusalem – alle durcheinander. Sie rufen und lachen. „König der Juden" – das ist das einzige, was Bilha immer wieder versteht.

Nur einer der Soldaten des Herodes bleibt stehen. Bilha kennt ihn. Er stammt aus dem Dorf, in dem sie aufgewachsen ist. „Du, Mardochai, erklär mir doch, was hier vorgeht", schreit Bilha und klammert sich am Ärmel des jungen Mannes fest. „Was machen sie mit Jesus?" „Stell dir vor, Bilha", sagt Mardochai strahlend, „Pilatus und Herodes, die beiden Feinde, sind heute Freunde geworden. Der römische Statthalter Pontius Pilatus und unser Fürst von Galiläa, Herodes Antipas, sind heute Freunde geworden. Zusammen haben sie über diesen Jesus gelacht. Beide verspotten ihn. ‚König der Juden', schimpfen sie ihn und

114

lachen über ihn. Natürlich: Unser Herodes hätte gern ein Wunder gesehen. Er hatte schon so viel von diesem Jesus gehört – und heute ist er ihm zum ersten Mal begegnet. Darum hat er sich so gefreut, daß Pilatus Jesus zu ihm geschickt hat und er mit ihm reden konnte. Ich stand dabei und beobachtete die beiden. Jesus aber blieb stumm auf die Frage des Herodes. Und Herodes lachte höhnisch – er gab ihm diesen Königsmantel und murmelte: ‚Ich hab's doch gedacht – vor der Macht dieses Mannes müssen wir uns nicht fürchten. Er gibt sich als König aus, als Messias – aber was steckt schon dahinter?' Und dann schickte er uns Soldaten mit Jesus zu Pilatus zurück; denn Herodes sagte: ‚Nicht ich, nein Pilatus, der römische Statthalter, soll hier in Jerusalem über ihn entscheiden. Nicht ich, Herodes, Fürst von Galiläa, auch wenn dieser Jesus Galiläer ist.' Weißt du", fügt Mardochai ganz am Schluß noch hinzu, „Herodes verläßt Galiläa ohnehin nur einmal im Jahr. Nur fürs Passah kommt er nach Jerusalem, um hier zu feiern. Im Grunde fühlt er sich in Jerusalem unsicher und hat Angst vor Pilatus."

Mardochai hat lange geredet – er muß der Menschengruppe, die bereits weitergezogen ist, nacheilen. „König der Juden, König der Juden", hallt es weiterhin durch die Gassen.

Langsam geht Bilha wieder zurück in den Hof des Kajaphas. Sie ist verwirrt. Ja, Herodes wollte ein Wunder sehen, ein Wunder von Jesus. Sie erinnert sich: Damals am See Genezareth hat Jesus Kranke gesund gemacht. Wunderarzt nannten sie ihn. Und den großen Sturm auf dem See hat er ganz klein gemacht. Überall warteten sie auf ihn. Als Mann, der Wunder tut, ist Jesus bekannt. Vor Herodes aber haben alle Angst! Und was geschieht jetzt mit diesem Jesus? Was hat er denn verbrochen? Er hat immer von Gott erzählt.

Bilha hat gespürt: Er ist Gott nahe. Ist es ein Verbrechen, sich Messias, Gottes Sohn zu nennen? Waren die Priester darum so aufgebracht? Oder ist es ein Verbrechen, sich König zu nennen – ist es das, was den Römern Angst macht? Doch warum sollen sie Angst haben? Ihre starke Burg Antonia überragt doch alles – ihre Soldaten sind so stark und zahlreich, daß die Römer sich nicht zu fürchten brauchen.

Bilha kommt von ihren Gedanken an Jesus nicht los, während sie im Haus des Kajaphas wieder ihren Arbeiten nachgeht. Soll sie ihren Herrn, den Hohenpriester fragen? Weiß er, was mit Jesus getrieben wird? Sollte sich Kajaphas nicht wehren für Jesus – der oberste Priester für einen frommen Juden? Doch Bilha ist unsicher. Alles ist so merkwürdig. Sie hat es gesehen: Nicht nur Römer und das Straßenvolk, nein, auch Schriftgelehrte haben über Jesus gelacht, ihn verspottet und geschlagen. Wissen sie nicht, daß er so viel Gutes getan hat? Warum haben sie ihn nicht angehört? Warum haben sie nicht die Menschen gefragt, denen er geholfen hat? Und wo sind Jesu Freunde geblieben? Haben sie alle Angst wie dieser Simon Petrus heute nacht?

Aber immer wieder versucht Bilha, die Sorge um Jesus zu vertreiben. Schuldig ist er ja wirklich nicht! Vielleicht machen sie sich lustig über ihn – eine Gemeinheit! Warum ist er für die Hohenpriester, für Herodes, für Pontius Pilatus überhaupt so wichtig? Sicherlich werden sie ihn heute abend wieder nach Galiläa zurückschicken. Ja, Galiläa. Bilha denkt an das Dorf in Galiläa, in dem sie aufgewachsen ist, während sie etwas später mit dem Korb zum Markt geht, um die schönsten Bitterkräuter für Kajaphas zu kaufen. Heute ist Rüsttag – morgen Sabbat. Sie darf ihre wichtigsten Pflichten als Magd nicht vernachlässigen.

Doch bald schon kommt Bilha mit ihrem Korb nicht mehr

voran. Die Gasse ist verstopft. Langsam bewegt sich ein Zug von Menschen aus der Stadt hinaus. Klagelieder werden gesungen. Die Menschen senken den Kopf. Sie scheinen traurig und verzweifelt. Der Zug bewegt sich auf den Hügel Golgatha zu, eine merkwürdige Felskuppe mit der Form eines Schädels. Bilha schließt sich dem Zug zuerst einfach aus Neugier an. Aber sie spürt bald: Hier geschieht etwas Schreckliches. Auf dem Felsen Golgatha stehen drei hohe Pfähle. Sie ragen unheimlich hinauf in den Himmel. Sollen dort drei Menschen hingerichtet werden? Bilha hat schon davon gehört: Gelegentlich werden besonders üble Verbrecher von den Römern gekreuzigt. Sie müssen den Querbalken des Kreuzes, an den sie geschlagen werden, selbst zur Richtstätte tragen.

Der Zug, der sich auf Golgatha zu bewegt, stockt gerade vor Bilha. Die Menschen bleiben stehen. Ein Raunen geht durch die Reihen, dann ein Rufen. „Er ist zusammengebrochen, unser hübscher König. Er kann seinen Balken nicht mehr tragen! He da, du Bauer, du bist kräftig – trag dem Verurteilten Jesus sein Kreuz!" Jesus? Bilha zuckt zusammen. Ja, jetzt erkennt sie ihn. Nicht weit entfernt sieht sie, wie er sich auf den Kreuzesbalken stützt und aufrichtet. Sein Gesicht ist voller Striemen. Ja, er ist verprügelt und gegeißelt worden, wie sie es mit den Verurteilten tun. Er hat keine Kraft mehr. Mühsam schleppt er sich weiter. Der Bauer aber trägt den Kreuzesbalken. Und wieder möchte Bilha schreien; sie möchte rufen: „Das ist ein Irrtum! Laßt ihn doch frei. Ihr kennt ihn ja gar nicht, den Rabbi von Galiläa!" Aber ihre Kehle ist wie zugeschnürt. In ihren Beinen ist keine Kraft.

Auch andere Frauen weinen. Sie gehen langsam weiter. Bilha verliert Jesus aus den Augen. Sie setzt sich am Fuß des Golgatha-Hügels auf ihren Korb. Sie stützt ihr Gesicht in die Hände. Sie denkt nach. Sie versucht zu verstehen, was hier vorgeht. Nicht weit von ihr stehen zwei Schriftgelehrte, die sie vom Haus des Kajaphas kennt. Bilha hört einen von ihnen sagen: „Schau, jetzt nageln sie eine Tafel fest, oben an seinem Kreuzespfahl. Darauf steht: ‚Dies ist der König der Juden‘.“ Langsam dreht sich Bilha nun um und schaut auch hinauf zu den Pfählen. Die Pfähle sind jetzt zu Kreuzen geworden. Die Hände der drei Verbrecher sind an die Querbalken genagelt worden, die Füße an die Pfähle: gekreuzigt, gekreuzigt, gekreuzigt – dies Wort hat Bilha schon gekannt, aber sie kann sich erst jetzt vorstellen, was das heißt. Und Bilha sieht Jesus am mittleren, am größten Kreuz hängen.

Nicht weit von ihr entfernt hört sie die römischen Soldaten, die Jesus hierhergeführt haben, spotten und lachen. Sie hört einen Mann sagen: „Ist er wirklich der Messias, der von Gott kommt? Warum kann er sich selbst nicht helfen, wie er andern geholfen hat?“ Einmal hört sie trotz der vielen Menschen, die leise durcheinander reden, die Stimme Jesu deutlich. Sie versteht aber nicht, was er sagt. – Etwas weiter von ihr entfernt, nahe beim Kreuz, spielen drei Soldaten mit Würfeln; sie wollen durch ihr Glücksspiel Jesu Kleider verteilen: seinen Reisemantel, den Gürtel, die Sandalen – mehr hat der Rabbi nicht hinterlassen.

Viele Menschen schauen aus der Ferne zu. Ist da nicht unter vielen plötzlich das Gesicht dieses Simon Petrus aufgetaucht? Wie Bilha sind auch alle andern erstarrt, ängstlich. Scheint es nicht, als ob die drei Gekreuzigten miteinander reden würden? Gelegentlich hört man ein Stöhnen und Schreien.

Plötzlich aber, mitten am Nachmittag, wird es dunkel. Violett verfärbt sich der Himmel. Die Sonne verliert ihren Glanz. Man hört einen lauten Schrei. Das war Jesus! Bilha

weiß: Jetzt ist er tot. Der römische Hauptmann aber, der neben ihr steht, sagt: „Dieser Mensch war wirklich ein Gerechter." Und die vielen Menschen, die zugeschaut haben, schlagen sich zum Zeichen der Trauer auf die Brust und an ihre Hüften und gehen dann langsam weg.

Bilha sieht einige Frauen beieinanderstehen. Sie schließt sich ihnen an. Nein, ich kann nicht zurück zu Kajaphas. Hatte Kajaphas den Tod Jesu nicht verhindern können? Nein, ich will weg von hier. Weg von Golgatha, weg von Jerusalem! Bilha hört an der Sprache, daß die Frauen aus Galiläa kommen. „Habt ihr ihn gekannt?" fragt das Mädchen. Die Frauen nicken. Sie weinen. Und sie fliehen. Bilha eilt mit ihnen weg. Erst außerhalb der Stadt erkennt Bilha unter ihnen eine Frau aus dem Dorf, in dem sie aufgewachsen ist. Bilha weiß: Diese Frau wurde von Jesus geheilt. „Darf ich bei dir bleiben?" fragt die junge Magd. Niemand hindert sie. Langsam und traurig entfernen sie sich von Jerusalem, bis sie ein einsames Wäldchen finden. Hier können sie sich verstecken und endlich ausruhen, nahe beieinander. Bilha spürt: Es ist gut, zu Jesus zu gehören. Sie reden von ihm. Und sie sagen: „Warum mußte er sterben? Wir dachten, er würde immer bei uns bleiben. Wir meinten, er sei der Messias, er sei mächtiger als der Tod. Wir dachten: Er wird unser Leben ändern, für immer." Stets von neuem weinen die Frauen, bis sie unter den Olivenbäumen einschlafen.

Auch Bilha weint. Sie hat Angst, ihr Bruder werde sie suchen lassen und nachher zurückbringen zu Kajaphas. Sie versucht, sich an Jesus zu erinnern. Und sie paßt aufs Feuer auf, hier im Olivenwäldchen. Im Schein der Flammen sieht sie die Gesichter der schlafenden Frauen, ihrer Freundinnen. Und sie legt immer wieder Holz nach. Das Feuer geht nicht aus. Ja, das hat sie im Haus des Kajaphas gut gelernt.

Kaleb und Bukki suchen Maria aus Magdala
Jesus ist auferstanden

Vor zwei Tagen haben Kaleb und Bukki die Stadt Magdala verlassen. Ihr Großvater, Samuel, hat sie ausgeschickt, um Maria zu suchen – Maria, seine Tochter, Maria, die Tante der beiden Buben. Kaleb und Bukki haben sich gefreut und sind stolz: sie beide allein nach Jerusalem – und ausgerechnet um die Zeit des Passahfests!

Sie haben den Weg in die große Stadt gut gefunden. Mit ihrem Proviant, auch mit dem Trinkwasser sind sie sparsam umgegangen. Übernachtet haben sie unter dichten Bäumen, um das Geld des Großvaters nicht für Herbergen ausgeben zu müssen. Sie sind gespannt auf die Paläste, auf den Tempel in Jerusalem und kommen in der großen Stadt an, gerade bevor die Rückreise der vielen Pilger wieder beginnt. Straßen und Plätze sind voll von Eseln, die hier auf ihre Herren und die Rückreise in ihre Heimat warten. Im Innern der Stadt ist ein Treiben, wie es sich die beiden Kinder, die am See Genezareth aufgewachsen sind, gar nicht vorstellen konnten. Und hier unter diesen Menschen, unter Tausenden und Abertausenden sollen sie Maria finden? Hat sich der Großvater dies nicht zu leicht vorgestellt?

Immer wieder meinen die Buben, in einer Frau ihre Tante zu erkennen. „Maria!" rufen sie und eilen auf jemanden zu, um dann beim Näherkommen zu merken, daß sie vor einer Fremden stehen, die verlegen lacht oder sich beleidigt zur Seite kehrt.

Wer soll Kaleb und Bukki helfen? Sind sie inzwischen nicht schon viele Male durch die immer gleichen Gassen gestreift? Aber sie geben nicht auf. Sie wissen: Es ist wichtig. Großvater Samuel braucht Maria als Hilfe bei der Ernte, so hat er es ihnen gesagt. Vor allem aber hat der Großvater Sehnsucht nach seiner Maria. Die Buben wissen es genau. Er möchte seine Tochter wiedersehen. Seit einem Jahr zieht sie mit einem Rabbi durchs Land. Ja, dieser Rabbi hat Maria von ihrer Krankheit geheilt. Kaleb und Bukki haben davon gehört. Er muß ein bekannter Rabbi sein, auch ein Wunderarzt, der Dämonen austreiben kann. Maria wollte ihn nicht mehr verlassen. Sie ist seit ihrer Heilung nicht mehr nach Magdala zurückgekehrt.

Wie heißt er, dieser Rabbi? Die beiden Buben haben seinen Namen vergessen. „Er stammt aus Nazareth", erinnert sich Bukki plötzlich, während sie erschöpft am Straßenrand sitzen und die Reste ihres Brotes kauen. Sie starren beide auf die grauen ungewaschenen Füße vor sich im Straßenstaub.

Plötzlich springt Kaleb auf: „Ich hab's, ich hab's! Er heißt Jesus von Nazareth. Je-sus-von-Na-za-reth." Hat nicht der Großvater diesen Namen immer wieder gesagt, mißtrauisch, eifersüchtig, auch neugierig? Auch Bukki springt jetzt auf und die beiden beginnen nun zu fragen, wo sie können. Sie fragen bei den Krämern. Sie fragen Menschen, die gerade ihre Esel bepacken, aber nicht antworten. Sie fragen auch Kinder, die auf die Frage hin nur lachen oder singend davonhüpfen.

Im Vorhof des Tempels hört ein Priester den Buben zu; er macht ein ernstes Gesicht und schüttelt den Kopf. Statt zu antworten, wendet er sich schroff ab und verschwindet. Was bedeutet dies?

Schließlich wagt es Kaleb, einen der römischen Soldaten

anzusprechen. Er weiß: Die sprechen eine andere Sprache; aber manche sind schon so lange hier, daß sie uns verstehen können. Und Kaleb hat Glück. Der Soldat hat ihn verstanden. Er schaut die Buben lange an. Dann erzählt er. Er erzählt schnell. Er braucht Wörter, die Kaleb und Bukki nicht verstehen. Aber soviel begreifen sie: Dieser Jesus ist tot; er ist hingerichtet worden als Verbrecher; am Kreuz. Der Soldat zuckt mit den Schultern, als ob er alles, was er sagt, selbst nicht ganz glauben würde. Aber er muß es ja wissen als römischer Soldat! Ob er wohl selbst dabei war?

„Wo?" fragen Kaleb und Bukki sehr leise; sie haben bemerkt, daß auch der Soldat flüstert, als ob es sich um eine sehr geheime Sache handeln würde. Mit seinem Schwert zeigt der Römer auf einen kahlen Hügel ganz in der Nähe.

„Der Berg heißt Golgatha", sagt ein alter Mann, der vorbeigeht und über die zwei Buben lächelt, die hier offenbar fremd sind. „In Jerusalem kennen alle diesen Hügel."

Kaleb und Bukki halten sich fest an der Hand. Sie sind erschrocken über drei große Pfähle, die in den Himmel ragen. Sie erfahren: Hier werden Verbrecher gekreuzigt; den Querbalken müssen sie selbst tragen. Den beiden Buben ist es unheimlich hier.

Nahe beieinander bleiben sie stehen, während sich die Dunkelheit über die Stadt senkt und die Kälte des Abends an ihren Beinen hochkriecht. „Wir müssen uns einen Schlafplatz suchen", sagt Kaleb, der ältere, stockend. Schnell und leise eilen sie wie zwei Katzen zurück in die Stadt und dann hinunter ins Kidrontal.

Hier sind Höhlen, in denen man sich gut verstecken kann. Erst morgen, bei Tageslicht wollen sie wieder zu diesem Golgatha-Hügel gehen. Sie wollen weiterfragen nach den Schülern des Rabbi und nach ihrer Tante, die mit ihnen zieht: Maria aus Magdala.

Sehr früh am andern Morgen steigen sie wieder hinauf zu dem Hügel, den sie Golgatha nennen. Jetzt sind die Straßen und Plätze der Stadt leer. Vor sich, am Rande des Hügels, entdecken Kaleb und Bukki merkwürdige, sehr große und runde Steinplatten. Kaleb weiß, was diese Steine bedeuten. „Dahinter sind Grabkammern. Sie werden durch diese Steine verschlossen. Der Vater hat mir einmal davon erzählt." Er stockt und fügt leise hinzu: „Vielleicht liegt der Rabbi Jesus jetzt in einer dieser Kammern."

Es ist unheimlich und einsam hier. Nur ganz langsam gehen sie weiter, um den Golgatha-Hügel herum. Und plötzlich bleiben sie wie erstarrt stehen. Vor ihnen ist ein offenes Grab. Der Stein ist weggerollt. Davor aber stehen drei Frauen. Sie tragen Lampen und Balsamtöpfe. Ob sie einen vornehmen Toten einsalben wollen? Ob sie ins offene Grab hineingehen? Doch da drehen sich die Frauen um. Und im selben Augenblick sagen Kaleb und Bukki mit gepreßter Stimme, erschrocken und freudig zugleich: „Maria! Maria, da bist du!" Doch Maria scheint sie gar nicht zu bemerken. Es ist, als ob sie durch die Buben hindurchblicken würde. Und es dauert lange Zeit, bis sie zu sich zu kommen scheint und stockend sagt: „Kaleb, Bukki – wie ist es möglich, daß ihr hier seid? Hört: Unser Freund Jesus ist nicht hier. Er ist auferweckt worden! Er ist lebendig. Jetzt wissen wir es sicher: Er ist stärker als der Tod."

Und nun beginnen die zwei andern Frauen zu erzählen: „Wir wollten Jesus salben, mit dem teuren Balsam, den wir zubereitet hatten. Als wir kamen, war der Stein des Grabes weggewälzt – das Grab Jesu war offen! Und als wir eintra-

ten, fanden wir das Grab leer. Der Leib Jesu war nicht mehr da." Und die zweite Frau, die immer noch die brennende Laterne in der Hand hält, fährt fort: „Als wir Jesus suchten im leeren Grab, traten plötzlich zwei Männer in hell glänzendem Gewand zu uns. Wir hatten große Angst. Wir waren geblendet und verneigten uns vor den Männern. Sie sagten: ‚Was sucht ihr den Lebendigen bei den Toten? Er ist nicht hier. Nein, euer Herr ist auferweckt worden. Erinnert ihr euch nicht, daß er damals in Galiläa zu euch von seinem Tod gesprochen hat, von seiner Auslieferung an die Richter, von seiner Kreuzigung – und davon, daß er am dritten Tag wieder auferstehen werde?' Ja, da erinnerten wir uns, daß Jesus so zu uns gesprochen hatte." Und Maria aus Magdala fügt hinzu: „Es waren zwei Engel, ja. Die Männer im glänzenden Gewand waren Boten Gottes."

Kaleb und Bukki stehen sprachlos da. Sie verstehen: Die Frauen sprechen von Jesus, vom Rabbi, der Maria geheilt hat, von diesem Rabbi, der als Verbrecher gekreuzigt wurde. Aber sie beide sind doch gekommen, um Maria heimzuholen nach Magdala. „Maria", beginnt Kaleb, „der Großvater schickt uns, weil ..." Bevor er seinen Satz fertig machen kann, nimmt ihn Maria an der Hand. Und die Frauen ziehen mit den beiden Jungen auf die Stadt zu. „Kommt, kommt mit uns. Wir wollen zu den Jüngern gehen, zu allen elf, die mit Jesus durchs Land gezogen sind. Ich weiß, wo sie sich versteckt halten."

Und Johanna, Marias Freundin, fährt fort: „Sie sind traurig. Sie können nicht verstehen, daß unser Herr und Meister tot ist. Wir dachten alle, er sei der Messias. Er werde nicht sterben. Und dann haben sie ihn getötet."

Und während sie schon zwischen den Häusern der Stadt sind und die Gassen allmählich belebter werden, sagt Maria leise: „Simon Petrus ist verzweifelt. Er weint, weil er unsern Herrn verleugnet hat. Kommt, wir wollen ihn trösten."

Durch immer kleinere Gäßchen und durch Hinterhöfe gelangen sie schließlich zu einer schmalen Außentreppe, die in das Obergemach eines düsteren alten Hauses führt. Die Tür oben an der Treppe läßt sich nicht öffnen. Maria klopft aufgeregt. Nichts rührt sich. Sie klopft wieder und ruft: „Wir sind es: Johanna, die Maria des Jakobus und ich, Maria aus Magdala." Ungeduldig warten die drei Frauen. Endlich fragt eine leise Stimme von innen: „Das Losungswort?" Wie aus einem Mund antworten die drei Frauen deutlich, aber nicht sehr laut: „Das Reich Gottes ist nahe." Was soll das bedeuten? Kaleb und Bukki sehen sich fragend an.

Doch von innen hört man ein Rasseln. Offensichtlich wird eine Kette gelöst. Die Tür öffnet sich einen kleinen Spalt, und eine tiefe Männerstimme fragt: „Ihr seid doch allein?" „Nur meine zwei Neffen sind bei mir, Kaleb und Bukki, zwölf und elf Jahre alt. Sie sind nicht gefährlich. Ich kenne sie seit ihrer Geburt. Mein Vater hat sie geschickt. Nun macht schon auf!" Maria aus Magdala stößt die halbgeöffnete Tür ungeduldig auf. Sie zieht die andern Frauen und die Buben in den großen Raum, der nur durch zwei Öllampen beleuchtet ist. In großer Freude umarmt Maria die Männer, einen nach dem andern: „Simon, Jakobus, Johannes, Andreas, ihr alle. Freut euch, freut euch. Jesus ist nicht tot. Das Grab von Jesus ist leer. Der Stein ist weggerückt. Zwei Engel in glänzenden Gewändern haben es uns gesagt: Jesus ist auferweckt worden. Am dritten Tag nach seinem Tod ist er auferweckt worden." Zuerst ruft Maria laut und freudig, dann aber leiser und stockender: „Freut euch, freut euch!" Die Männer nämlich schauen Maria kaum an, ja sie stoßen sie von sich. „Das ist leeres Gerede",

127

sagt einer. „Wie sollen wir das glauben?" „Wo ist er denn, unser Jesus?" „Er ist doch tot. Hat Joseph von Arimathäa ihn nicht in Leinwand gewickelt, begraben und mit seinen Dienern den schweren Stein vor die Grabhöhle gerollt?" „Nein, ihr Frauen, es ist nicht möglich, was ihr uns erzählt. Wir können es nicht glauben."

Stumm und regungslos sind Kaleb und Bukki bis jetzt an der Tür stehengeblieben. Aber jetzt nimmt Kaleb all seinen Mut zusammen: „Maria, komm doch mit uns nach Magdala. Komm mit, der Großvater wartet. Er freut sich, wenn du kommst." „Komm doch, Maria", fügt auch Bukki bittend hinzu. Die Frauen blicken zweifelnd zu den Buben hinüber, dann wieder zurück zu den Jüngern, hin und her. Traurig, aber auch zornig. Warum glauben ihnen die Männer nicht?

Es wird ganz still in dem großen düsteren Raum. Dann packt Maria aus Magdala entschlossen ihr Bündel, das in einer Ecke des Raums steht. Johanna und die andere Maria folgen ihr. „Wir gehen zurück, nach Galiläa. Wir werden es weitersagen, daß Jesus lebt. Warum glaubt gerade ihr uns nicht – ihr, die ihr den Herrn am besten gekannt habt?"

Die Frauen lassen die Jünger in ihrem dunklen Versteck zurück. Mit Kaleb und Bukki steigen sie die Treppe hinunter, während die Tür hinter ihnen verriegelt wird und die Kette wieder rasselt.

Das helle Licht auf der Gasse sticht zuerst in den Augen. Aber allmählich freuen sich die Frauen an der Sonne, die inzwischen aufgegangen ist. Es ist noch nicht heiß. Ein guter Tag zum Reisen! Kaleb und Bukki aber sind glücklich, daß sie die Stadt Jerusalem in Richtung Galiläa verlassen können. Sie eilen den Frauen voraus, um dann unter einem großen Baum oder bei einem Brunnen wieder auf sie zu warten und ihnen auch für einen Teil des Wegs ihr Bündel abzunehmen.

Schon mehrere Tage sind die Frauen und die Buben unterwegs. Von allem, was sie in den letzten Tagen erlebt haben, sind sie erschöpft. Die Reise ist weit. Wenigstens haben sie Samaria schon hinter sich. Während sie sich in der Mittagshitze ausruhen, sehen sie in der Ferne die Umrisse von Nazareth. Bis dorthin wollen sie heute noch kommen. Dort wollen sie die Nacht verbringen. „Nazareth, die Heimat Jesu", sagt Johanna leise, „Nazareth – aber seine eigene Familie will nichts von ihm wissen." Niemand antwortet. Die anderen Frauen sind eingeschlafen.

Etwas näher beim Weg ruhen Kaleb und Bukki unter einem Baum aus. Mit kleinen runden Steinen zielen sie in einen Kreis, den sie in den Sand des Wegs geritzt haben. Sie lachen. Sie spielen. Sie freuen sich auf Magdala. Großvater Samuel wird mit ihnen zufrieden sein. Das Leben wird weitergehen wie vor einem Jahr, bevor Maria wegzog und alles zu Hause ruhiger wurde.

Plötzlich horchen die beiden Buben auf. Sie hören Männerstimmen. „Das sind nicht nur zwei, nein, eine ganze Gruppe", sagt Kaleb. Er verwischt den Kreis auf dem staubigen Weg, er sammelt die Steine zusammen und legt sie auf einen Haufen am Wegrand. Gespannt schauen die beiden auf die Wegbiegung, von wo sie die Stimmen hören. „Das sind einige von den Freunden Jesu! Freunde unserer Maria!" Bukki hat gute Ohren und scharfe Augen und stößt den älteren Bruder an. „Wie schnell sie gehen! Schau, jetzt lachen sie. Sie sind nicht mehr traurig wie neulich, als sie sich in Jerusalem eingeschlossen hatten." Inzwischen sind die Jünger bei den beiden Buben angelangt. Beinahe eilen sie an ihnen vorbei. Doch einer bleibt stehen und schaut Kaleb ins Gesicht, dann Bukki: „Euch beide, euch kenne ich doch." Und Andreas – ihn kennen die Buben sogar mit Namen – fällt dem andern Jünger ins Wort: „Es sind die beiden Neffen der Maria aus Magdala. Ihr zwei, wißt ihr, wo die drei Frauen sind? Wir suchen sie!"

Bukki zeigt auf die Frauen im Schatten und legt gleichzeitig den Finger auf den Mund. „Sie sind müde. Laßt sie schlafen!" Doch der Jünger, den sie Andreas nennen, kann nicht warten. In wenigen großen Schritten ist er bei den Frauen. Er beugt sich über Maria aus Magdala, hält sie an den Schultern und rüttelt sie. Dann weckt er auch die beiden andern Frauen. „Hört zu, hört zu", ruft er immer wieder, während die Frauen ganz langsam aufwachen und dann völlig verwirrt sind beim Anblick der Männer. „Hört zu, er ist zu uns gekommen, dahin, wo wir uns eingeschlossen hatten. Er hat nicht geklopft. Er war plötzlich da. ‚Friede sei mit euch', sagte er wie früher. Da erkannten wir ihn. Und wir hatten zuerst Angst. Wir wußten doch: Er ist gestorben. Wie konnte er also plötzlich bei uns sein? Einige von uns schrien auf und meinten, es sei ein Geist. Dann zeigte er uns seine Wunden an den Händen und Füßen. Jesus! Ja, er war es! Und er begann, mit uns zu essen. Es war wie früher. Wir wurden ruhig."

Mit großem Erstaunen hören die drei Frauen zu. Sie lachen sich an. Sie sind nicht mehr erschöpft. Sie fragen und wollen die Geschichte vom auferstandenen Jesus immer wieder neu hören. Die Jünger aber drängen und sagen: „Ihr Frauen, kommt mit uns zurück zu den andern, nach Jerusalem. Wir wollen zusammenbleiben. Ihr gehört doch zu uns." Andreas redet besonders eindringlich: „Wir sollen es weitersagen, predigen, daß alle Völker es wissen, von Jesus, von seiner Auferstehung. Alle sollen wissen, daß er stärker ist als der Tod. Zuerst sollen wir in der Stadt Jerusalem bleiben, so hat er es uns gesagt. Darum kommt, ihr Frauen, kommt wieder in die Stadt. Die andern warten. Ihr gehört dazu!"

Der Weg zurück nach Jerusalem ist weit. Und doch: Die Frauen überlegen nicht lange. Sie spüren: Wir gehören alle zusammen. Wir sind Zeugen, die miterlebt haben, was mit Jesus geschehen ist – Zeugen, die wissen, daß Jesus Gottes Sohn ist, daß Jesus stärker ist als der Tod.

Eilig packen sie ihre Bündel neu. Eilig wickeln sie ihre Tücher, die vor der Sonne schützen, neu um Kopf und Nacken. Schnell schnüren sie ihre Sandalen. Sie sind bereit zum Aufbruch. Vor der Abenddämmerung wollen sie der Stadt Jerusalem wieder ein Stück näher sein.

Erst jetzt, als sich die Jünger schon in Bewegung setzen, fällt der Blick Marias auf Kaleb und Bukki, die mit hängenden Armen und verzweifelten Gesichtern allem, was die Frauen machen, zuschauen. Die Buben tun ihr leid. Sie denkt an Samuel, ihren alten Vater. „Grüßt den Großvater", sagt sie. Sie umarmt Kaleb und Bukki. „Sagt ihm, er soll froh sein, stolz auf seine Tochter. Erzählt ihm, was ihr von Jesus gehört habt – so wird auch der Großvater verstehen, daß ich nichts anderes tun kann: Ich muß zurück nach Jerusalem. Später werde ich ihn besuchen, und ich werde ihm alles erzählen. Ihr aber, vergeßt nicht, was ihr in Jerusalem erlebt habt und kommt wieder zu uns. Ich weiß: Ihr werdet niemandem verraten, wo wir sind – außer den Freunden Jesu. Sie aber sollen wissen, daß unser Herr lebt. Ihnen sollt ihr sagen, wo sie uns finden."

Kaleb und Bukki haben Tränen in den Augen. Langsam, den Kopf geneigt, wandern sie weiter. Sie haben eine schwere Aufgabe. Werden sie den Großvater Samuel trösten können? Wird es ihnen gelingen, in Galiläa von Jesus und seinen Freunden zu erzählen? Beim Wandern erinnern sie sich an die Freude des Andreas, auch an die Erzählung der Jünger, zu denen der Auferstandene gekommen ist. Sie erinnern sich an alles, was Maria erzählt hat.

131

Als sie abends von weitem den See Genezareth im Tal unten glitzern sehen, beginnen sie, sich auf zu Hause zu freuen. Sie wissen plötzlich: Es wird nicht schwer sein, auch den Großvater mit ihrer Freude anzustecken. Es wird ihnen leicht fallen, von Jesus aus Nazareth zu erzählen – von Jesus, der auferweckt worden ist.

Die Jünger und die Frauen aber kehren zurück nach Jerusalem.

Während einer Zeit von vierzig Tagen begegnet Jesus ihnen immer wieder. Immer wieder redet er vom Reich Gottes. „Sagt es weiter, was ihr mit mir erlebt habt. Erzählt vom Reich Gottes, das für alle offensteht. Sagt es in Jerusalem, erzählt von mir im ganzen Land. Ich werde euch dazu meine Kraft schicken; denn ihr werdet den heiligen Geist empfangen."

Dann aber führt Jesus die Jünger und die Frauen hinaus aus der Stadt, in die Gegend von Bethanien. Dort erhebt er seine Hände und segnet sie. Und plötzlich sehen sie Jesus nicht mehr. Die Jünger und die Frauen wissen: Er ist bei Gott. Jesus ist bei seinem Vater. Sie sagen: „Er ist emporgehoben worden in den Himmel." Sie werfen sich in Staunen und Schrecken auf die Knie und beten. In ihrem Gebet sind sie bei Jesus und sie werden von großer Freude erfüllt.

Dann kehren sie nach Jerusalem zurück. Zusammen gehen sie in den Tempel und loben Gott.